Johann Nussbaumer

Aufgeblättert

Johann Nussbaumer

Aufgeblättert

Ein Birschgang durch mein Jagdtagebuch

Österreichischer Jagd- und Fischerei-Verlag

Zum Geleit

Ehrenhafte Jäger sind besondere Menschen, die sich in manchem von anderen unterscheiden. Sie haben miteinander etwas gemeinsam, das keinen vereinbarten Regeln entspringt. Der Umgang mit der Natur und mit dem Wild prägt die Persönlichkeit jener Menschen, die mit Idealismus und Liebe zur Schöpfung leben und handeln.

Vielleicht ist es gar nicht so einfach, den Ursprung der Noblesse und der Gewissenhaftigkeit, die den Weidmann oft charakterisieren, ausreichend zu erklären. Es ist Ehrfurcht, die den Jäger auszeichnen soll. Der Gegenstand und auch das Motiv der Ehrfurcht sind verbunden mit der Schöpfung, die uns den Wald, die Tiere und den Menschen in einem verbundenen und geordneten Ganzen kundtut. Von der „Schöpfung" und von der „Natur" kann nur der reden, der seine Welt als Geschenk betrachtet und mit tiefer Dankbarkeit darin lebt.

Der gläubige Christ geht einen Schritt weiter: Er glaubt nicht nur an die „Schöpfung", sondern notwendig auch an den „Schöpfer". Wer den Schöpfer in der Schöpfung erkennt und anbetet, der wird seine Welt verstehen als eine Kundgabe der Güte und Liebe des Schöpfergottes. Er wird sich aufmerksam und rücksichtsvoll in der Schöpfung bewegen und die Spuren Gottes darin lesen.

Gott ist der Schöpfer und nicht ein Geschöpf. Der Mensch ist ein Lebewesen aber kein Tier. Die Tiere des Waldes und des Feldes sind dennoch einbezogen in den Lobpreis Gottes.

Es ist ein Gottes- und Schöpferdienst, zu dem der Weidmann berufen ist. In vielen bedenkenswerten Erinnerungen und mit der Sympathie für alles, was Gottes Geschöpf ist, wird Prof. Nussbaumer in diesem Buch einen Weg beschreiten, auf dem ihm viele folgen werden, die Freude, Gelassenheit, Dankbarkeit, Ruhe und die Nähe zum Schöpfer suchen.

Prof. Dr. Kurt Krenn,
Bischof der Diözese St. Pölten

© 1996 by Österreichischer Jagd- und Fischerei-Verlag,
   Wickenburggasse 3, Wien

Lektorat, Gesamtgestaltung und Produktionsleitung: Dr. Michael Sternath

Gesamtherstellung: Druckerei Ferdinand Berger & Söhne Ges.m.b.H., Horn

ISBN 3-85208-009-6

INHALT

Anfänge

Seit ich begonnen habe zu jagen, führe ich Aufzeichnungen über meine Jagd. Am Anfang war das ein schmalbrüstiges Heft, das ich bescheiden mein „Jagdbüchl" nannte. Inzwischen kann man eigentlich von einem „Jagdbüchl" nicht mehr sprechen, denn dieses Zeugnis von drei Jahrzehnten gelebter und erlebter Jagd ist schon zu einem ganz ansehnlichen Buch geworden. Und trotzdem erinnere ich mich noch ganz genau, wie alles begonnen hat.

Bevor ich ein wenig in meinen Aufzeichnungen blättere, sollte ich aber doch erst erzählen, warum ich „jagerisch" geworden bin.

In unserer Familie väterlicherseits trugen sieben Generationen zurück den grünen Rock. Meist in beruflicher Dienstausübung. Ich habe nur mehr die beiden letzten aus unserer Jägersippe in Erinnerung – meinen Großvater und meinen Vater –, und die beiden legten wohl auch in mir den Grundstein zu meinem, allerdings nicht beruflichen Jägerdasein.

Mein heißgeliebter Großvater war eher ein Jägertyp, wie man ihn gerne auf der Witzseite findet; nicht allzu groß, dafür war aber sein Leibesumfang um so mächtiger. Meine Mutter hat mir oft erzählt, daß mich Großvater als Kind nicht auf den Schoß, sondern auf seinen Bauch gesetzt habe. Und auf diesem „Jägerbauch" sitzend, erhielt ich auch aus seinem Munde die ersten Jagdgeschichten erzählt.

Großvater führte mich mit seinen Erzählungen in eine wunderschöne, geheimnisvolle Welt ein, wenn er mir etwa von der Auerhahnbalz im stillen, morgendlichen Bergwald erzählte, wo der Große Hahn sein uraltes Lied sang. Vier Strophen habe eine Balzarie, erfuhr ich, und beim Schleifen sehe und höre der Hahn überhaupt nichts.

Manches an diesen Erzählungen war mir ja damals noch fremd. Das sollte ich erst nach und nach beim Erwachsenwerden kennenlernen. Meine Kindheit verlebte ich in der fürsorglichen Obhut einer intakten Familie. Mein jüngerer Bruder und ich wuchsen allmählich in das Bubenalter hinein, als uns eines Tages die Eltern erzählten, daß es Krieg gäbe.

Für uns Kinder haftete damals nichts Schreckliches an diesem Wort. Mit dem Tod wurden wir nicht direkt konfrontiert, und wenn einmal ein ausländisches Bombenflugzeug durch einen Treffer als feuriger Ball zur Erde herunterkam, so war dies für uns Kinder nicht mehr und nicht weniger als eine Sternschnuppe, die vom Himmel fiel. Das volle Ausmaß des Schreckens und des Elends, das der Krieg uns brachte, lernten wir erst kennen, als mein Vater an die Front mußte und die ersten Todesnachrichten aus dem Verwandten- und Bekanntenkreis eintrafen.

Es gibt aus dieser Zeit nichts Erfreuliches zu berichten, und als das „Tausendjährige Reich" zu bestehen aufgehört hatte, war ich erst knapp den Kinderschuhen entwachsen. Mein Vater kehrte aus der Gefangenschaft zurück, und das Leben verlief wieder in geordneten Bahnen. Es begann der Wiederaufbau. Ich studierte Elektrotechnik, und nachdem ich ins Berufsleben eingetreten war, konnte ich daran denken, eine Familie zu gründen. Mit meiner Frau hatte mir der Herrgott nicht nur den liebenswertesten Menschen, sondern auch einen Schutzengel auf Erden mitgegeben, und so konnte ich in umsorgter Umgebung nicht nur meinen beruflichen Werdegang im Dienste des Staates aufbauen, sondern ich wollte auch gelegentlich meine in mir schlummernden jagdlichen Ambitionen verwirklichen. „Wenn ich einmal in Pension bin", schwärmte ich meiner Frau vor, „mache ich die Jagdprüfung und werde mich jagdlich betätigen".

Heute weiß ich, daß meine Gattin nur deshalb bedenkenlos zustimmte, weil es bis zur Realisierung dieses Wunsches noch mindestens 35 Jahre dauern sollte.

Doch, wie so oft im Leben, kam es anders.

Eines Tages teilte mir mein Bruder mit, daß er die Jagdprüfung gemacht habe. Das war eine Überraschung für mich und ein Fingerzeig des Schicksals. Mein Entschluß stand bald fest: Auch ich würde die Jagdprüfung machen, hier und jetzt. Wer konnte schon wissen, ob ich die Pension überhaupt erreichte?

*Großvaters Erzählungen legten den Grundstein
für die eigene jagdliche Laufbahn*

Aus vielen jagdlichen Erzählungen meines Großvaters und meines Vaters vorbereitet, und nach einem intensiven Studium der Lernbehelfe, war die Jagdprüfung für mich ein Leichtes, und als mich ein Prüfer fragte, warum ich jagen gehen wollte, sagte ich ohne zu überlegen: „Weil es mir Freude macht!" – Erst später sollte ich erkennen, daß diese Antwort wohl die richtigste und ehrlichste auf diese Frage war. Von Lebensraumerhaltung und Erhaltung eines artenreichen Wildstandes hat damals noch niemand gesprochen.

Mit meinem frischerhaltenen Jagdschein in der Tasche, hielt ich natürlich sofort Ausschau nach einer Jagdgelegenheit. Da ich nicht zur grundbesitzenden Klasse im Ausmaß eines Jagdreviers zählte, blieb nur die Hoffnung auf eine Einladung. Die kam dann auch, und zwar von meinem Firmpaten. Ich durfte auf einen Rehbock weidwerken. Meine Freude war groß. Eine passende Büchse hatte ich bereits. Das Problem bestand nur darin, daß ich noch kein Fahrzeug besaß.

Das Revier meines Firmpaten lag etwa fünfzehn Kilometer von meinem Wohnort entfernt und war somit nur mit einem fahrbaren Untersatz zu erreichen. Das erste Mal nahm mich der Oberförster zur Birsch mit, doch die weiteren Gänge mußte ich, aufgrund seiner dienstlichen Auslastung, alleine machen.

Einer glücklichen Fügung zufolge nahm mich mein Bruder immer dann, wenn er selber ins Revier fuhr, mit seinem Wagen mit, da der Weg am Revier meines Firmpaten vorbeiführte.

Den Bock bekam ich trotz vieler Birschen nicht. Einer von uns beiden muß da wohl einen Fehler gemacht haben…

Jagdliche Gehversuche

Nun möchte ich aber in meinem „Jagdbüchl" zu blättern beginnen. Als erste Eintragung finde ich: „*8. Dezember – den ersten Hasen erlegt.*"

Die Einladung zu dieser Hasenjagd kam vom Freund meines Vaters und fand im Nachbardorf statt, also in einer mir bestens vertrauten Gegend: Weitläufige Felder, umsäumt von den bewaldeten, sanften Hügeln des auslaufenden Wienerwaldes.

Obwohl schon spät im Jahr, ließ ein wolkenloser Himmel das fahle Sonnenlicht bis zur Erde dringen, zu wenig, um wirklich zu wärmen, genug, um die Stimmung der Jagdgesellschaft steigen zu lassen. Meine erste Jagd! Die eben angeschaffte 12er-Flinte funkelte im Sonnenlicht, und auch mein kürzlich erstandenes Jagdgewand stempelte mich, ohne daß ich dessen vorerst gewahr wurde, zum jagdlichen Außenseiter. So stand ich also in froher Erwartung im Kreis einer Schar erfahrener und, wie ich annehmen mußte, wohl auch weidgerechter Hubertusjünger.

Ich würde an diesem Jagdtag eine Menge wertvoller Erfahrungen sammeln, dessen war ich mir gewiß. Und ich sammelte sie auch, wenn auch nicht in der Weise, wie ich es mir vorgestellt hatte.

Vorerst umkreisten mich, mehr oder weniger verstohlen betrachtend, einige Jäger, und mancher richtete auch das Wort an mich. Etwa, ob man mit so einer Flinte auch schießen und vor allem treffen könne; und welcher vorzügliche Schneider das Gewand gefertigt hätte. Der Beginn der Jagd unterband dann weitere Späße. Das Ärgste schien mir damit ausgestanden, zumal meine beiden Nachbarn, zumindest dem Aussehen nach, gestandene Jäger waren.

Rein äußerlich ließen darauf schon die abgegriffenen, rostfleckigen Flinten und die abgetragene Jagdkleidung schließen. Für mich „Anfänger" war es da am besten, es ihnen gleichzutun. Und das tat ich denn auch – das heißt, nicht alles. Als etwa beide bereits beim Ausgehen ihre Waffen luden, ließ ich meine Flinte ungeladen, mich entsinnend, daß uns in der Jägerschule doch eingebleut worden war, erst am Stand zu laden. Außer der Jagdleiter erlaubte dies schon beim Ausgehen – doch der hatte nichts dergleichen gesagt.

Von fern war jetzt das Anblasen der Jagd zu hören. Ich lud die Flinte und ging, es meinen beiden Nachbarn gleichtuend, langsam der Kreismitte zu. Mein rechter Nachbar blieb immer mehr zurück. „Wahrscheinlich den Fuß vertreten", dachte ich mir. Also blieb auch ich ein wenig zurück, um mit ihm die „Linie" zu halten. Das hätte ich allerdings nun wieder nicht tun sollen, denn schon brüllte mich mein linker Nachbar an: „Hörst, du kannst da kan Sack machen!" Ich wußte zwar damals noch nicht, daß man mit „Sack machen" meinte, durch Zurückbleiben dem anlaufenden Hasen ein Loch vorzutäuschen, durch das er aus dem Kreis laufen konnte. Ich kam aber der Aufforderung, „schnölla z'gehn", unverzüglich nach.

In der Zwischenzeit hatte ich einen Hasen übersehen, der mir stichgerade zulief. Aber, Hubertus sei Dank, mein rechter Nachbar hatte dafür um so besser aufgepaßt. Ein Knall, und unweit vor meinen Füßen rollierte Meister Lampe. Glück gehabt, war mein erster Gedanke. Ich meinte natürlich nicht den Hasen, sondern mich.

Wie gelernt, entbot ich dem Schützen ein „Weidmannsheil", allerdings doch mit dem gewiß verzeihlichen Hintergedanken, daß auch mir recht bald ein solches beschieden sein und ich von dieser Jagd womöglich unbeschädigt nach Hause kommen möge. – „Schiaßn muaß ma halt können", war die Antwort meines Nachbarn. Nun, wenn ich Gelegenheit dazu bekäme, würde ich sicher versuchen, es ihm gleichzutun. Allerdings, so nahe vor seine Füße würde ich mich nicht zu schießen getrauen. Dazu muß man schon ein „Schießer" – ich meine, ein „Schütze" mit Erfahrung – sein.

Während ich weiter von einem guten Anlauf träumte, lief neuerlich ein Hase direkt auf mich zu. Hinter diesem her hetzte allerdings ein riesiger Vorstehhund, der herrenlos zu sein schien, denn von dem Rufen und Pfeifen eines Schützen, der sich anscheinend als sein Herrl aufzuspielen versuchte, fühlte sich der Hund nicht betroffen. In mächtigen Sprüngen jagte er wild entschlossen dem Hasen nach, gerade so, als gelte es einer olympischen Disziplin,

Meiner ersten Niederwildjagd fieberte ich in banger Erwartung entgegen

und konnte den Wettlauf letzten Endes auch eindeutig für sich entscheiden. Das jämmerliche Klagen des Hasen war der akustische Beweis dafür. – Auf diese Weise lernte ich praxisnah eine Jagdart kennen, die ungemein patronensparend war.

Doch nun schien eine echte Chance zu kommen: Der Hund war mit dem Hasen beschäftigt, und mein rechter Nachbar hatte eben beide Läufe leergeschossen, als mich abermals ein Hase „annehmen" wollte. Etwa sechzig Schritt war er noch von mir entfernt, als mein linker Nachbar schrie: „Hörst, siagst denn net, daß di a Has anrennt? Was schiaßt denn net? Willst warten, bis er dir in Lauf eineschliaft?" Und schon flog Meister Lampe eine Doublette entgegen – allerdings nicht von mir, sondern von meinem Nachbarn.

Der Hase war aber nicht gewillt, die Schrote anzunehmen. Hakenschlagend suchte er sich einen anderen Schützen, der ihn jedoch auch fehlte. Der Kreis wurde nun immer enger, und ich hatte noch immer keinen Schuß getan.

Bei diesem Trieb würde es aber auch nicht mehr gelingen, denn soeben wurde abgeblasen. Ich brach gerade mein Gewehr, als vor meinem rechten Nachbarn ein Hase hoch wurde. „Glück gehabt", wollte ich gerade denken, da löschte eine Schrotgarbe aus dem Gewehr meines Nachbarn das Hasenleben aus. Vielleicht hatte er das Abblasen nicht gehört, versuchte ich sein Verhalten zu entschuldigen, und während ich so in Gedanken alle Für und Wider überlegte, war der Sammelplatz erreicht.

Ein hünenhafter Weidkamerad stürzte sofort auf mich zu und meinte nicht eben freundlich: „Se ham nach'n Abblasen an Hasen gschossn. I hab's gsegn!" Ich zeigte ihm die blanken Läufe meiner Flinte und verwies ihn an meinen Nachbarn zur Rechten. Vor diesem schien er allerdings Respekt zu haben. Er verschwieg, drehte ab und mischte sich unter das umstehende Jägervolk.

Meinen ersten Hasen schoß ich dann doch noch im vorletzten Waldtrieb. Sogar mein Jagdnachbar wünschte mir dazu ein „Weidmannsheil", und ich habe noch heute den Verdacht, daß er es ehrlich gemeint hat…

Der Kleine vom Grießenkar

Der Frühling war wieder ins Land gezogen. Das ist die Zeit, wo mein „Jagabluat" besonders in Wallung kommt, nicht zuletzt auch durch die Hahnengeschichten, die mir mein Großvater erzählte. Denn seither gehörte meine große Liebe – und jagdliche Sehnsucht – den Tetraonen, dem Kleinen wie dem Großen Hahn.

St. Hubertus mußte mich wohl besonders in sein Herz geschlossen haben, sonst könnte nicht schon auf Seite zwei meines „Jagdbüchls" stehen: *„Am 14. Mai einen Kleinen Hahn am Grießenkar erlegt."*

Zu verdanken hatte ich diesen Kleinen Hahn eigentlich meinem Lieblingsdichter und späteren väterlichen Freund Karl Heinrich Waggerl. Und das kam so: Der Deutschprofessor hatte den Dichter zu einer Lesung in unsere Klasse eingeladen, und Waggerl erzählte damals mit seiner tiefen, warmen Stimme derart eindrucksvoll von seinem kleinen Dorf in den Bergen, den dunklen Wäldern und den imposanten Gebirgsstöcken, daß ich neugierig wurde und beschloß, später einmal dorthin zu fahren. Das tat ich denn auch und lernte dort den Sepp kennen, der eine Eigenjagd auf dem Grießenkar besaß und mich fürs kommende Jahr auf einen Kleinen Hahn einlud.

Ich erinnere mich noch, daß in diesem Jahr der Winter besonders lang dauerte. Doch eines Tages spürte man ihn plötzlich, den Frühling.

In den Bergen kommt der Frühling ja beinahe über Nacht. Kraftvoll ergießt sich der Föhn den Berg herunter, um sich ungestüm in das Tal zu stürzen. Sein warmer Atem hinterläßt tiefe Spuren im faulen Schnee, und langsam drängt die dunkle Erde aus ihrer weißen Umklammerung. Bald blüht es überall. Hier ein paar Primeln, dort einige Schneeglöckchen und Buschwindröschen … Der Frühling am Berg ist aber auch ein rauher, launischer Geselle, denn bereits am anderen Tag schon kann aus tief ziehendem Gewölk wieder ein neuer Schneesegen zur Erde wirbeln.

„Zu Pfingsten kannst am Kloan Hahn kemma", hatte mir Freund Sepp gesagt. Bis dahin waren es kaum noch vierzehn Tage. Mir schwebte natürlich eine Balz vor, wie man sie oft in Büchern beschrieben findet: eine grüne Alm, mit Frühlingsblumen übersät und einigen wenigen Schneeflecken, auf denen der Kleine Hahn seine temperamentvollen Balzsprünge vollführt. Träume! Die Wirklichkeit sah anders aus...

Am Tag meiner Abreise aus Wien herrschte ein arges Schneetreiben, aber bereits in Salzburg hatte der Schneefall aufgehört, und als ich in Schwaighof aus dem Autobus stieg, wagte sich schon die Sonne ein wenig aus der aufgelockerten Wolkendecke hervor. Ein paar Stunden später waren wir bereits auf der Hütte, der Sepp und ich. Wir heizten ein, kochten Tee und sahen uns den nicht allzu weit von der Hütte entfernten Schirm für den kommenden Morgen an. Sepp hatte dort ein Schneeloch ausgehoben, in dem wir beide bequem Platz fanden. Rundherum war Reisig zur Tarnung aufgesteckt. Nicht weit vom Schirm entfernt bückte sich Sepp plötzlich und hob eine winzige Feder auf. „Do schau her", rief er erfreut, „do habns graft, de Tuifeln."

Der Abend dauerte dann lange, viel länger als geplant. Es wurden Hahnengeschichten erzählt und dabei fleißig dem Vogelbeerschnaps zugesprochen, der, eine Spezialität des Landes, „soviel guat fürs Herz und gegn de Gripp" sein soll. Als wir dann endlich den Weg ins Bett antraten, fehlte auf Mitternacht nicht mehr viel.

„Um halbe zwoa miaß ma wieder auf", sagte Sepp schon halb schlafend zu mir. „Stellst den Wecker, weil mir miaßn im Schirm sein, bevor de Hahna munter werdn." Dann drehte er sich auf die gute Seite und schlief auch schon. Nur ich lag noch eine Weile wach, in Gedanken an den bevorstehenden Jagdmorgen.

Unbarmherzig riß uns der Wecker aus dem Schlaf. Das heißt, vorerst mich, denn Sepp hörte ein wenig „hart", und es war gar nicht so einfach, ihn endlich wachzubekommen.

Sepp braute einen Tee, obwohl „Tee" eigentlich nicht der richtige Ausdruck ist, denn ich verdächtige Sepp noch heute, daß er fast nur den Schnaps aufgewärmt hat.

Hahnenzeit im Bergrevier!

Mit diesem „Kälteaustreiber" im Magen machten wir uns, jeder mit einer dicken Wolldecke unter dem Arm, auf den Weg. Mein Birschführer ging mit der Laterne voraus, ich folgte. Die Nacht war kalt und sternklar. Schritt für Schritt tasteten wir uns in der Dunkelheit vorwärts. In einiger Entfernung vor dem Schirm hörten wir das schnarrende „Rapp, rapp" des Schneehahnes. Dann war es wieder still.

Fest in unsere warmen Decken gehüllt, saßen wir im Schirm und warteten. Sepp war bald wieder eingeschlafen. Ich solle ihn wecken, wenn die Hahnen einfielen, hatte er gemeint.

Es dauerte auch nicht lange, vom Kirchturm aus dem Dorf unten hatte es gerade drei Uhr geschlagen, da hörte ich ein leises Blasen in nächster Nähe. Ein Hahn! Sehen konnte ich nichts, denn es war noch zu dunkel. Jetzt wieder: Tschuchui! Tschuchui! Ich weckte Sepp. „Wird schon a Hahn sein", meinte er, „i hör amol nix." Einige Zeit war es still, dann ganz in der Nähe Schwingenschlagen und zorniges Blasen. Das hörte sogar Sepp. „Hiatzt rafen's", stellte er fest.

Es war inzwischen heller geworden, und plötzlich bekam ich den Hahn ins Glas. Es war ein wundervoller Anblick, wie er sich, immer wieder kullernd und blasend, drehte und seine Balzsprünge vollführte. Auch Sepp beobachtete ihn durchs Glas. „Der war grecht", meinte er nach einer Weile: „Hiatzt werd i eahm zuwaspotten", und schon erklang sein herausforderndes „Tschuchui" aus dem Schirm.

Fast augenblicklich machte der Hahn einen langen Stingel und sicherte zu uns herüber. Wieder ein „Tschuchui" von Sepp. Das war dem Hahn zuviel. Mit burrendem Schwingenschlag fiel er etwa achtzig Schritt vor unserem Schirm ein. Allerdings konnten wir jetzt nur noch sein zorniges Blasen hören, denn er selbst war durch eine Bodenwelle verdeckt. „Bua, der is vorsichtig", flüsterte mir Sepp zu. „Der is a alter Herr. Vier Krumme han i gsegn."

Vorerst war allerdings an einen Schuß nicht zu denken, obwohl ich das Gewehr bereits vorsichtig in Richtung Hahn aus dem Schirm geschoben hatte. Immer näher hörte sich das Blasen an, und jeden Moment hoffte ich, den Hahn wieder in Anblick zu bekommen. Doch er blieb gedeckt. „Ba da Hütten unt miaßt ma hiatzt sein", meinte Sepp, „do kunnt ma eahm vom Bett aus schiaßn".

Im Bett freilich hätte ich jetzt um keinen Preis der Welt mehr sein mögen, denn die Natur bot mir einen einmaligen Anblick. Mit einem schmalen, hellen Streifen, der sich zwischen Dachstein und den Hohen Tauern spannte, hatte sich der Morgen angekündigt.

Nun war die Sonne genau hinter der „Bischofsmütze" aufgegangen, und die schneebedeckten Bergspitzen blitzten unter ihren Strahlen auf wie Diamanten, die vom Licht getroffen werden. Ich war noch ganz in das wunderschöne Bild vor mir versunken, als plötzlich der Hahn mit rauschendem Schwingenschlag über unseren Schirm hinwegstrich und sich auf einer Lärche hinter mir einschwang.

„Rühr di net", flüsterte Sepp. Er konnte den Hahn gut beobachten, weil er mit Blick in dessen Richtung saß. „Wann i dir's sag", raunte Sepp, „nocha ziagst des Gwehr Ruck um Ruck eina."

So wartete ich bewegungslos, bis Sepp sein „Hiatzt!" flüsterte. Vorsichtig machte ich den ersten Ruck. Es schien, als wolle der Gewehrlauf kein Ende nehmen. Sepp gab mir nämlich immer nur dann das Zeichen, wenn sich der Hahn von uns abwandte. Endlich war es so weit, daß auch ich den Hahn sah. Sepp sagte nun nichts mehr. Ganz langsam schob ich das Gewehr in Richtung Hahn aus dem Schirm, und im Zeitlupentempo tastete sich das Fadenkreuz unter den Schwingenansatz.

Da trafen die ersten Sonnenstrahlen das Wild und ließen die Balzrosen hellrot aufleuchten. Ganz still stand der kleine Ritter und äugte unverwandt der aufgehenden Sonne entgegen. Das Morgengebet!

Ich weiß nicht, wie lange er so dagestanden ist. Nur eines weiß ich, daß ich jetzt nicht hätte schießen können. Erst allmählich kam wieder Leben in den Kleinen. Da brach der Schuß, und im Knall stürzte der Hahn zu Boden. Sepp eilte, so schnell er nur konnte, zu ihm hin und hob jauchzend die Beute in die Höhe. „So oan guaten Kloan Hahn habn mir da heroben scho seit etla zehn Jahr nimmer gschossn", stellte er nicht ohne Stolz fest. Vier Krumme hatte er! Nach seinem kräftigen „Weidmannsheil" meinte Sepp: „So, und hiatzt gengan ma obe zur Hütten. Mir habn uns a guats Fruahstuck verdient."

Langsam und schweigend stiegen wir ab. Qualmender Rauch stieg bald aus dem Kamin der Hütte auf. Der Hahn hing vor der Tür, ein ausgiebiges Frühstück folgte, und dann gingen Sepp und ich um Latschenzweige. „De brauch i zan Bettmachen für dein Hahn", sagte Sepp, und er beherrschte diese Kunst wirklich meisterhaft.

Kunstgerecht wurden die Latschenzweige ausgelegt, der Hahn kam darauf, und dann wurde das Ganze auf den Rucksack gebunden. „So", meinte er, nachdem er sein Werk wohlgefällig betrachtet hatte, „hiatzt können ma uns im Ort drunt segn lassen."

Die Kunde von meinem Weidmannsheil war bereits vor uns im Dorf, und schon beim Betreten des „Hubertus-Stüberls", in dem sich an Sonn- und Feiertagen die örtliche Jägerschaft zum Frühschoppen traf, begrüßte man uns mit lautem Hallo. Der Rucksack mit dem Hahn wurde in die Mitte des Tisches gestellt und von allen Seiten gehörig bewundert, denn vier „Krumme" waren auch hier alles andere als alltäglich.

Als dann die Kellnerin auf meine Rechnung einige Liter „Roten" brachte, ging es ans Erzählen. Immer wieder mußten Sepp und ich berichten, wie es gewesen war, und Sepp kam nach den ersten Vierteln derart in „Fahrt", daß er der andächtig lauschenden Runde bereits ohne mit der Wimper zu zucken erzählte, der Hahn sei „himmelweit" zu schießen gewesen. „So an die dreihundert Schritt", meinte er, und wer weiß, was ihm nicht noch alles an „Jägerlatein" eingefallen wäre, wenn nicht der Müllner Michi mit der Zither das Lied „Auf der Gwahn der Kloa Hahn" angestimmt und alle dazu gesungen hätten…

Ein starker Birkhahn, gestreckt auf einem Latschenbett

Längst hat er sich eingespielt ...

Der Große vom Rohrmoos

Blättere ich in meinem „Jagdbüchl" weiter, so finde ich bald nach dem „Kleinen vom Grießenkar" bereits den nächsten Hahnen-Eintrag: *„29. April – einen Großen Hahn im Rohrmoos erlegt."*
Wenn ich bedenke, daß heute, dreißig Jahre nach dieser Eintragung, manche Jäger Tausende von Kilometern zurücklegen, um auf dieses bei uns selten gewordene Waldhuhn zu jagen, wird mir erst bewußt, wie sehr sich die jagdliche Welt zu ihrem Ungunsten verändert hat.

Ich brauchte damals lediglich ins Salzburger Land zu reisen, um eines meiner schönsten Jagderlebnisse auf den „Rohrmooshahn" zu haben.

Der Grundstein dazu wurde beim vorhin beschriebenen Frühschoppen anläßlich der Erlegung meines Kleinen Hahnes im „Hubertus-Stüberl" gelegt. In der vergnügten Jägerrunde befand sich damals nämlich ein Jäger namens Fred, der sich im Laufe des Abends zu mir setzte und mich fragte, ob ich auch schon einen „Großen" erlegt habe. – „Das wäre mein größter Wunsch", antwortete ich wahrheitsgemäß. Doch da ich wußte, daß die Großen Hahnen auch zur damaligen Zeit schon einen gewissen Seltenheitswert besaßen, fügte ich noch hinzu, daß ich nicht daran glaube, daß mir dieser Wunsch in Erfüllung gehen werde. Da erzählte mir Fred von seinem Revier im Rohrmoos und daß dies ein außergewöhnlich guter Standort für das Auerwild sei. Mindestens acht bis zehn balzende Hahnen habe er im Revier, erzählte er mir; und zum Schluß lud er mich fürs kommende Frühjahr ein…

Es war gegen Ende April, als mich Fred eines Tages verständigte, daß „d'Hahna sakrisch guat melden taten" und ich kommen solle. Ich jubelte. Wieder für ein paar Tage hinaus aus der Stadt in meine geliebten Salzburger Berge!

Schnell wurden die Sachen gepackt, und los ging's. Das erste, was Fred mich nach der Begrüßung fragte, war: „Was hast denn für a Gwehr mit?" Ich zeigte ihm meine Doppelflinte, was ihn zur Feststellung veranlaßte: „Da nimm i mei Bockbüchsflintn a mit. Is allweil guat, wann ma a Kügerl a dabei hat."

Um meinen prall gefüllten Rucksack, den ich einstweilen auf den Boden gestellt hatte, birschte inzwischen Freds Vater herum, der auch Jäger war. Schließlich fragte er: „Was habens denn da alls drin? Se san ja ausgrüst wia für a Nordpolexpedition."

Soweit es mir einfiel, zählte ich den Inhalt meines „Buckelsackes" auf. „Dös Glasl lassens da", unterbrach Freds Vater meine Aufzählung. „Der Fredi hat eh oans mit. Und alls, was net - unbedingt brauchn, lassens a da. A d'Saf und s'Rasierzeug. A Hahnjaga wascht und rasiert si erscht, wann er in Hahn hat."

Ziemlich „erleichtert" stiegen Fred und ich dann um drei Uhr Nachmittag zum Rohrmoos auf. Die Sonne meinte es ziemlich gut mit uns, und ich war heilfroh, daß der Rucksack jetzt viel „g'ringer" war als vorhin.

Nach kurzem, steilem Anstieg durch ein Waldstück kamen wir fast unvermittelt auf eine geräumige Wiese, die von unzähligen Primeln übersät war. Die ersten Frühlingsboten! Tief atmete ich die würzige Bergluft ein und gab mich ganz dem Zauber des Augenblicks hin. Neben mir drängte gurgelnd ein flinkes Wasser zu Tal. Es schien, als könne es sich nicht genug beeilen, das schmutzige Schmelzwasser vom Berg ins Tal zu schaffen. Gerade vorm Dunkelwerden kamen wir beim „Bründl" an. Fred deutete nach aufwärts. „Dort oben liegt's, unsre Hüttn!"

Ein paar Minuten später hatten wir sie dann erreicht, die „Finsterwald-Hüttn". Zwischen hohen, dunklen Fichtenbäumen stand sie da, wie am Berg angelehnt, so, als wolle sie an seinem breiten Rücken Schutz suchen. Fred machte sich gleich am Ofen zu schaffen.

Ich ging inzwischen hinunter zum „Bründl", um Wasser zu holen. Bald brodelte das Teewasser im Kessel, und während wir, behaglich zurückgelehnt, unsere „Rumsuppen" tranken, schmiedeten wir bereits Pläne für den kommenden Tag. – „Um halba zwa stengan ma auf", meinte Fred, „und bei da Schirmfichtn wart' ma, bis munter werden, de Hahna".

Beim Erzählen von Hahnengeschichten verging die Zeit wie im Fluge, und als wir auf die Uhr schauten, war es bereits halb zwölf. Zum „Wetterschmecken" traten wir noch einmal kurz vor die Hütte, und Fred stellte mit Genugtuung fest, daß „das Wetter tuat". Zufrieden krochen wir unter die Decke.

Trotz der kurzen Nacht sprang ich schon beim ersten Weckerläuten aus dem Bett. Fast zugleich mit Fred. Ein heißer Tee weckte die Lebensgeister, und dann ging's los.

Fred suchte mit abgeblendeter Taschenlampe den Steig hinauf zur Schirmfichte. Vor uns flüchtete plötzlich ein Stück Rehwild, doch Gott sei Dank schreckte es nicht. Der Weg führte uns über vermoderte Bäume, die kreuz und quer lagen, und durch dichtes Gesträuch, das eine hartnäckige Anhänglichkeit an mein Gewand zeigte. Je näher wir zur Schirmfichte kamen, desto weniger benutzte Fred die Taschenlampe. Da es noch stockdunkle Nacht war, orientierte er sich zuletzt nur noch an den Baumwipfeln. Ich wiederum war bestrebt, das hell schimmernde Schloß von Freds Büchse nicht aus den Augen zu verlieren und stolperte mehr schlecht als recht hinter meinem Birschführer her.

Endlich waren wir bei der Schirmfichte angelangt. Fest in unsere Wetterflecke eingehüllt, saßen wir unter dem Baum und warteten. Es war unendliche Stille rings umher. Nur unser leiser Atem war zu hören. Durch das dichte Geäst der Bäume konnte man vereinzelt Sterne sehen. Sonst gab es kein Licht weit und breit. Es war so finster, daß ich nicht einmal Fred neben mir ausmachen konnte.

Als wir etwa zehn Minuten dasaßen, hörte ich plötzlich in einiger Entfernung unterhalb unserer Fichte ein leises Knappen. Auch Fred hatte es gehört und flüsterte: „Des is er!"

Erst noch zaghaft, begann der Hahn sein uraltes Minnelied. Nach und nach wurden auch die anderen Hahnen wach. Ober und neben uns und seitwärts begann leises Knappen. Allmählich spielten sich die Hahnen ein, und es folgte Gsetzl auf Gsetzl. „A Weil wart ma no", entschied Fred, „dann spring' ma den untern Hahn an."

Von Minute zu Minute wurde es lichter, so daß man wenigstens die Umrisse der Bäume erkennen konnte. Fred raunte mir gerade zu: „Laß dein Mantel da liegen, der hindert di sonst beim Springen." Da meldete plötzlich auch ein Hahn rechts. Er war keine hundert Schritt entfernt. Sofort verstummten alle übrigen. „Den nehman ma", zischte Fred und sprang voraus. Nach rund fünfzig Schritt kamen wir zu einem Kahlschlag.

„Da wart ma", entschied Fred, „vielleicht dasiach i eahm mit'n Glasl!" Fred suchte Baum für Baum auf der gegenüberliegenden Seite ab, konnte den Hahn aber nirgends entdecken.

Es war nun bereits vier Uhr geworden. Auf einmal hörten wir das lockende Gocken einer Henne. Bald darauf verstummte der Hahn und überstellte sich. Weithin konnte man in der Stille des Waldes die Schwingenschläge hören. Dann war es wieder ruhig.

„Hiatzt habn ma a guate halbe Stund Zeit", meinte Fred. „Wenn ma Glück haben, kimmt er nocha außa zur Bodenbalz. Dann kunnt man kriagn." Und tatsächlich kam nach einer knappen halben Stunde zuerst die Henne; sie strich über unsere Köpfe hinweg in den Wald hinein. Gleich darauf folgte der Hahn. Allerdings kam er nicht heraus auf den Schlag, sondern blieb etwa zweihundert Schritte entfernt im Wald, wo er mit seiner Bodenbalz begann.

Majestätisch schritt er zwischen zwei Fichten hin und her und vollführte die schönsten Balzsprünge. Nach einer Weile war der Hahn fort, dafür hörten wir vom Wald her heftiges Schwingenschlagen. „Hiatzt rafens", stellte Fred fest. Ein sehnsuchtsvolles Gocken zeigte uns bald darauf die Anwesenheit einer Henne an, und dann wurde es wieder still.

„Für heut' is aus mit'n Hahnjagern", meinte Fred. Wir machten uns auf den Heimweg.

Als am anderen Tag, wieder um halb zwei Uhr früh, der Wecker rasselte, war der erste Blick zum Fenster hinaus. Der Himmel war voller Sterne. „Gemma", war Freds Reaktion darauf. In Windeseile waren wir angezogen, und auf ging's, zur Schirmfichte.

Brav meldete wieder der Hahn, jedoch wieder jenseits des Schlages. Lange suchte Fred mit dem Glas die Bäume ab. Endlich flüsterte er: „I siach eahm!" Er zeigte die Richtung, reichte mir sein Glas, und dann sah auch ich ihn. Der Hahn stand in einer Fichte, am dritten Ast von oben, nahe beim Stamm, teilweise gedeckt durch zwei davorstehende Fichten.

„Willst mit der Kugel schiaßn?" fragte Fred. Das schien mir aber wegen der Äste doch zu gewagt. Ich wollte noch ein paar Schritt bergauf springen, in der Hoffnung, von dort bessere Sicht zu haben. Gesagt, getan.

Inzwischen kam der Morgenwind auf, und mir schien, als sehe ich im sanften Schaukeln der Äste den Hahn. Doch je länger ich auf die Stelle schaute, um so mehr wurde mir bewußt, daß das, was ich sah, nicht der Hahn, sondern wieder nur Äste waren. Jetzt war wieder das lockende Gocken einer Henne zu hören.

Beim nächsten Schleifen des Hahnes raunte mir Fred zu: „Hiatzt muaßt bald schiaßn!" Das wäre natürlich auch mein Wunsch gewesen, wenn ich den Hahn nur hätte sehen können! So sprang ich wieder zu Fred zurück und suchte auf seinen Rat hin den Hahn nochmals mit dem Glas. Er stand noch immer auf derselben Stelle. Langsam hob ich die Flinte, schwenkte beim dritten Ast ein, war mir jetzt auch sicher, tatsächlich den Hahn zu sehen und drückte beim nächsten Schleifen ab.

Auf den Schuß hin blieb es still. Oder doch nicht? Nein, der Hahn hatte seinen Balzgesang nicht einmal richtig unterbrochen, sondern sich nach dem Schuß nur ein wenig gedreht. Nun konnte ich gegen den Himmel gut den Stingel erkennen. Jetzt zielte ich ein wenig höher, und als beim nächsten Schleifen der Schuß brach, stürzte der Hahn zu Boden. Aber was war das? Schwingenschlagend lief er den Kahlschlag abwärts! Doch dann, mir drohte schon das Herz stehenzubleiben, kam er schließlich neben einer Lärche zu liegen.

„Mir warten noch a Weil, dann gengan ma obe zu eahm." Während Fred dies sagte, trat ich unversehens auf einen dürren Ast. Augenblicklich wurde der Hahn wieder hoch und lief weiter talwärts. „Hiatz miaß ma a guate Stund warten. Der Hahn is schwar krank", meinte mein Jagdfreund und Birschführer.

Die Stunde wurde zur Ewigkeit. Zum Trost erzählte mir Fred, daß wir den Hahn, wenn er nicht mehr auf die Schwingen kam, sicher finden würden.

Langsam begann der Tag aufzuziehen. Etwa zweihundert Meter unter uns wand sich ein milchigweißes Nebelfeld das Tal hinaus. In die Stille hinein fiel plötzlich unter uns ein Schuß. „Des war der Nachbar", stellte Fred fest, „der war a aufn Hahn".

Fast unmerklich ging nun über dem Dachstein die Sonne auf und überflutete die Bergspitzen mit gleißendem Licht.

„So, und hiatzt suach ma unsern Hahn", sagte Fred und ging voraus. Schon nach gut fünfzig Schritt bergab sahen wir weit unten, zwischen zwei Jungfichten, einen dunklen Fleck. Fred ließ mich warten und ging allein hinunter. Nur wenig später hielt er den Hahn hoch. Es war ein ganz Starker. Am Stingel fehlten ihm auf einem kreisrunden Fleck Federn. „Ein Raufer", meinte Fred lakonisch.

Überglücklich band ich mir meinen Hahn kopffallend auf den Rucksack, und dann ging's heimwärts. Als wir gegen Mittag unten im Tal ankamen, trafen wir einen Bauern. „Ah, wards leicht Hahnjagern?" fragte er und, ohne die Antwort abzuwarten: „Unser Hias hat heut in da Fruah a oan gschossn. Oan guatn Hahn. Wirkli an ganz oan guatn."

„Mir haben aber a koan schlechtn gschossn", konterte Fred.

„Ich hab's eh umara viere umanaund zwoamol tuschn ghört, bei euch oben", so der Bauer.

„Drah di amol um", sagte Fred nun zu mir, „daß er dein Hahn siacht".

Da bekam der Bauer große Augen. „Sakra, sakra", entfuhr es ihm, „da euchare is jo no da weit bessere Hahn!"

„Dafür haben mir aber a zwoamal hinschiaßn miaßn, weil er gar so stark war", lachte Fred. Dann gingen wir weiter dem Dorf zu, wo uns noch ein langer Tag erwarten sollte…

„Nur" ein Ringeltauber

Wenn oben im stillen Bergwald die Hahnen blasend und kullernd, knappend und schleifend ihren Fortpflanzungswillen dem erwachenden Frühlingsmorgen anvertrauen, dann ist auch der Tag längst dagewesen, an dem der Liebesruf des Ringeltaubers zum ersten Mal erklungen ist.

Meist ist er lange nicht zu sehen, der Liebestolle. Nur sein verliebtes, sehnsuchtsvolles Rucksen ist zu hören. Und mit einem Mal erhebt er sich dann in die Luft. Zwanzig, dreißig Meter legt er zurück, um schließlich, laut die Flügel aufeinanderschlagend, wieder einzufallen. Ewiges Spiel der Liebe und Kampf um die Auserkorene!

Je näher die Zeit rückt, zu der die Ringeltaube wieder aus wärmeren Gefilden in unsere Wälder zurückkehrt, um so öfter zieht es mich voller Unruh hinaus ins Revier, um nachzusehen, ob er nicht doch schon angekommen ist, der Vogel, von dem man sagt, daß er auf jeder Feder ein Auge besitze. Und eines Tages ist es dann soweit: Der laue Frühlingswind trägt von irgendwoher das leise, hohle „Ruhguhgu – gugu"... – Noch ist er nicht zu sehen, der kleine Ritter, aber ich kann ihn hören.

Für viele Jäger, die ich kenne, bedeutet die Jagd auf den Ringeltauber nichts oder zumindest nichts Erstrebenswertes. Für mich war und ist das Weidwerken auf diesen Frühlingsboten aber immer wieder ein besonderes Erlebnis. Ich weiß nicht, wieviele Jahre ich Frühling für Frühling ergebnislos auf den Ringeltauber gejagt habe. In meinem „Jagdbüchl" muß ich aber trotzdem schon ganz schön weit zurückblättern, bis ich zur Eintragung komme: *„Einen Ringeltauber in Grünberg erlegt."*

Es war an einem späten Nachmittag. Das Land dampfte förmlich unter den wärmenden Sonnenstrahlen, und der Duft des Seidelbasts lag schwer über dem Waldboden. Das erste Grün brach bereits aus den Zweigen, und vereinzelt steckten auch schon die Veilchen ihre Köpfchen aus der Erde.

Ich hatte zu diesem Birschgang auch meine Frau mitgenommen, um sie am Wiedererwachen der Natur teilhaben zu lassen. Wir hatten erst ein paar Schritte in den Wald gesetzt, als uns schon das leise Gurren eines Ringeltaubers innehalten ließ. Ich bedeutete meiner Gattin stehenzubleiben, während ich mich langsam an den Balzbaum des Ringeltaubers heranbirschen wollte. Sehen konnte ich ihn noch nicht, aber er mußte entweder in einem Ast der dichtbewachsenen Fichten vor mir oder auf einer der dahinterstehenden, noch blattlosen Buchen balzen.

Auf jeden Fall mußte ich vorsichtig sein, da Ringeltauben ja ausnehmend gut äugen. Aufmerksam glaste ich die oberen Äste der Fichten ab – nichts.

Also mußte der Tauber wohl auf einer der Buchen sitzen. Doch wie dorthin kommen, ohne von ihm gesehen zu werden? Während ich noch hin und her überlegte, hob sich der Tauber plötzlich in die Luft – jetzt sah ich ihn! Ein paar Schritte zu der vorderen Fichte und dort Deckung gesucht! Immer höher schraubte sich der Tauber, schlug mit den Schwingen zusammen und fiel vor mir auf der Buche ein. Beim ersten Gurren hob ich Zentimeter für Zentimeter die Flinte. Aufklatschend fiel der Vogel nach dem Schuß fast vor meine Füße.

Unbändige Freude über das so seltene Weidmannsheil auf den Tauber erfüllte mich. Freudestrahlend hob ich die kleine Beute auf, um sie meiner Frau zu zeigen. Da löste sich ein rubinroter Tropfen aus dem Schnabel und fiel zu Boden. Stumm stand meine Frau da und betrachtete den kleinen Vogel, dann rannen ihr Tränen über die Wangen.

Meine übergroße Freude wich augenblicklich tiefer Nachdenklichkeit. Da hatte ich meiner Gattin das Wiedererwachen der Natur zeigen wollen und hatte sie ungewollt mit Tod und Vergänglichkeit konfrontiert! Zwiespältiges Handeln des Jägers!

Welchem Zwang unterliegt er, der ihn hier Leben nehmen und dort Leben bewahren läßt? Welche unheimliche Verantwortung ist da dem Jäger auferlegt! – Meine Frau und die tote Ringeltaube ließen mich dies in jenem Moment mit aller Deutlichkeit erkennen.

Und gleichzeitig drängte sich die Frage auf: Warum bin ich Jäger geworden?

Verbrieft ist, daß väterlicherseits sieben Generationen zurück hauptberuflich mit der Jagd zu tun gehabt haben. Unsere Familie stammt seitens des Vaters aus dem Bundesland Oberösterreich. Mein Großvater war während des „Tausendjährigen Reiches" Kreisjägermeister. Großvater war ein grundgütiger Mensch, den ich schon als Dreikäsehoch abgöttisch liebte. Als ich noch ein Bub war, hat er mir oft von der Jagd erzählt. Auch von seinen eigenen jagdlichen Anfängen. Diese begannen ziemlich ungesetzlich, zu deutsch – er ging als junger Bursch ab und zu wildern, wie es damals in dem Landstrich, wo er wohnte, Brauch war. Daß man ihn beim Wildern nicht erwischt hat, verdankte er zumindest einmal lediglich dem Umstand, daß die Bevölkerung tief gläubig war. Und das kam so:

Eines Tages, mein Großvater saß wieder einmal auf einem Baum, um von dort oben das Anwechseln des Wildes zu erwarten, aber auch, um nicht gleich gesehen zu werden, näherten sich ihm um die Mittagszeit zwei Gendarmen, die sorgfältig jeden Baum absuchten. Großvater sah sie natürlich schon von weitem, und mit jedem Schritt, den die beiden näher kamen, sank seine Chance, auch diesmal wieder dem Arm der Gerechtigkeit zu entkommen. Doch, wie sagt ein Sprichwort so schön: „Den Seinen gibt's der Herr im Schlaf". Knapp bevor nämlich die Ordnungshüter zu „seinem" Baum kamen, begannen im nahen Ort die Mittagsglocken zu läuten. Die Gendarmen senkten daraufhin fromm ihre Häupter, falteten die Hände und, ein stilles Gebet verrichtend, gingen sie unter dem Baum vorbei, auf dem mein Ahnherr angstschlotternd und schweißgebadet saß. Als das Mittagsgeläute zu Ende war, walteten sie wieder ihres Amtes, doch da waren sie schon ein gutes Stück entfernt, so daß ihm für diesmal keine Gefahr mehr drohte. Wahrscheinlich ist er vor Schreck über das Erlebte später dann doch lieber ein offizieller Jäger geworden. Und er wurde ein außergewöhnlich guter Jäger, der alle Freuden und Leiden seines Berufes kennenlernte.

So schoß einmal während eines Birschganges ein Wilderer auf ihn. Die Kugel verfehlte nur um Haaresbreite ihr Ziel. Ein andermal stellte er selber einen Wildschütz. Es war ein arbeitsloser Vater von vier Kindern. Das Gewehr mußte dieser zwar hergeben und meinem Großvater hoch und heilig versprechen, nie mehr wieder zu wildern, aber er hat ihn nicht angezeigt, und jede Woche schickte er der Familie ein großes Fleischpaket für den hungrigen Nachwuchs. Dazu muß gesagt werden, daß meine Großeltern eine Gemischtwarenhandlung besaßen, was sich – wie bereits erwähnt – sichtbar im Äußeren meines Großvaters niedergeschlagen hat.

Während des Krieges – wir selber wohnten in Niederösterreich – durfte ich als Elfjähriger wieder einmal in den großen Ferien zu meinen Großeltern fahren. Ich war damals noch ein spindeldürres Bürschchen, und meine Mutter versprach sich von diesem Aufenthalt einen kleinen Speckansatz auf meinem schlaksigen Körper. Die zweite Großmutter, welche auf der Bahn Freifahrt hatte, brachte mich aus Ersparnisgründen an mein Reiseziel, und sie holte mich am Ende der Ferien auch wieder nach Hause zurück.

Für mich sollte dieser Ferienaufenthalt zu einem meiner schönsten werden.

Mein Großvater war damals nicht gut beisammen – er hatte knapp vorher einen leichten Schlaganfall erlitten –, und so durfte ich ihm beim Gewehrreinigen und beim Laden der Patronen helfen. Großvater lud sich seine Schrot- und Kugelpatronen nämlich immer selbst, denn erstens machte er es gerne, und zweitens war während des Krieges Munition für die Jagd Mangelware. Pulver abwiegen besorgte er natürlich höchstpersönlich. Aber die alten Zündhütchen ziehen und neue einsetzen, da durfte ich schon eifrig helfen, und auch das „Randeln" der Schrotpatronen wurde mir übertragen.

Für Gewehre hatte ich ja immer schon – wie so viele Buben – eine Schwäche gehabt, und diese Tätigkeiten kamen daher meinen Neigungen sehr entgegen. Mein zukünftiger Beruf war mir damals sonnenklar: Ich wollte, wie mein großväterliches Vorbild, Jäger werden.

*Nach einer Schrecksekunde im Baum wurde
Großvater ein „offizieller" Jäger*

Natürlich wollte ich auch äußerlich meinem Großvater möglichst ähnlich sein. Dabei habe ich damals sicher eher einem Gesellen aus „Ali Baba und die 40 Räuber" geglichen als einem Jäger. Man muß sich dazu folgendes Bild vorstellen: Auf meinem Kopf saß ein viel zu großer, abgetragener Jagdfilz, geschmückt mit einem vergilbten Hirschbart – ein Geschenk meines Großvaters. Bekleidet war ich mit einem Ruderleibchen sowie einer kurzen Laponia-Lederhose, und außerdem lief ich barfuß. Die Hosentaschen waren vollgestopft mit Patronen.

Eines Tages, nach dem Mittagessen, sagte mein Großvater: „Bua, richt' di z'samm, mir gengan Tauben jagern!" Darauf hatte ich schon lange gewartet – einmal mit dem Großvater auf die Jagd gehen! Dabei durfte ich nicht nur das Gewehr tragen, sondern ich sollte auch meine erste Taube erlegen.

So groß die Freude war, ein wenig hatte ich doch Angst. Ich wußte auch warum! Noch nie hatte ich mit einem Jagdgewehr geschossen, und mein Großvater hatte mir mit allem Nachdruck eingeschärft, den Kolben ja fest einzuziehen, da das Gewehr sonst furchtbar „stößen" würde. Und vor dem „Stoß" und im Unterbewußtsein wohl auch vor dem Knall hatte ich doch einen Heidenrespekt.

Ich hätte heute sehr gerne ein Photo davon, wie wir beide – Großvater mit einem Stock als Stütze und Gehhilfe, ich in der schon beschriebenen Aufmachung – langsam den kleinen, mit dichtem Gesträuch bewachsenen Bach entlanggingen.

Es war Spätsommer. Als wir die teils schon abgeernteten Felder erreichten, grüßten die dort arbeitenden Leute schon von weitem. Meinen Großvater mochten alle gerne. An einen alten Bauern erinnere ich mich noch, der uns zurief: „Grüaß die, Nussbama! Bist heut mit dein Enkerl aufs Jagern aus?"

Als wir zu einer Bachkrümmung kamen, blieb Großvater plötzlich stehen. Vor uns lag ein abgeerntetes Feld, auf dem noch die Getreidemandeln standen. – „Vorsicht, Bua. Vor uns auf dem Feld sand Tauben", flüsterte er mir zu und erläuterte auch sogleich seinen Plan. „Paß auf", sagte er, „du birschst di jetzt vorsichtig de

Mandln entlang. Beim vierten miaßt's zum Schiaßn gehn. Aber erst, wannst auf Schußentfernung bist, spannst de Hahna, und wann de Tauben hoch werden, dann schiaßt. Aber immer nur an Lauf abschiaßn!" Mit einem gutgemeinten „Weidmannsheil" entließ er mich.

Nun war es an mir, zu zeigen, ob ich jagdliche Fähigkeiten besaß. Das Ärgste wäre für mich gewesen, meinen Großvater zu enttäuschen. Sicherheitshalber spannte ich beide Hähne der Flinte lieber gleich, und dann bewegte ich mich Schritt für Schritt auf die Tauben zu. An die vierzig Stück mochten es sein, die da auf fünf- undzwanzig Schritt Körner pickend auf dem Acker ästen.

Obwohl sie intensiv mit der Futteraufnahme beschäftigt waren, muß mich doch eine vorzeitig eräugt haben, denn plötzlich erhob sich der ganze Flug. Zum Denken kam ich jetzt nicht mehr. Ich riß das Gewehr hoch, schlug in Richtung Tauben an und drückte ab – beide Läufe fast gleichzeitig! Der Erfolg war, daß eine Taube, heftig mit den Schwingen schlagend, zur Erde ruderte. So schnell ich nur konnte, lief ich hin, und, da ich sie nicht anzugreifen wagte, drehte ich in meiner Verzweiflung das Gewehr um, um sie zu erschlagen.

Ein Aufschrei meines Großvaters ließ mich das Vorhaben nicht ausführen. Gott sei Dank. Ich hätte mir danach im Spiegel nicht mehr in die Augen sehen können, ganz abgesehen davon, daß der Gewehrschaft sicher ab gewesen wäre.

Allmählich wurde das Schwingenschlagen immer schwächer, um schließlich ganz aufzuhören. Reglos lag sie nun vor mir, und ich stand da, fassungslos und wie im Traum. Mein erstes selbsterlegtes und erjagtes Wild! Erst der Zuruf meines Großvaters, die Taube doch zu bringen, ließ mich wieder in die Wirklichkeit zurückfinden. Ein Gefühl ungeheuren Glücks überkam mich. Mein erstes Stück Wild! Von mir erlegt!

Strahlend brachte ich meine Beute dem Großvater. Der war weniger glücklich. Von weitem hatte er schon erkannt, was ich in Händen hielt. Seinen Rucksack hatte er bereits aufgemacht, und als ich bei ihm angekommen war, waren seine ersten Worte: „Bua, tua glei die Taubn in Rucksack eini, und dann gengan ma schnöll, bevor uns de Bauern dawischn. Des is nämli a Haustaubn."

Mir war das damals eigentlich gleichgültig. Für mich war und blieb es meine erste Taube. „Und de Taubn", versprach Großvater, „de wirst du ganz allane essen." So geschah es dann auch.

Ein kleines Stück des köstlichen Fleisches schob ich dem Großvater aber dann doch heimlich zu. Von ihm hat auch nie jemand erfahren, daß es ja „nur" eine Haustaube war. Und es wäre auf immer unser beider Geheimnis geblieben, hätte ich es jetzt nicht hier niedergeschrieben.

Okuli

Viele meiner schönsten Jagderlebnisse aus meinem „Jagdbüchl" finden sich im Frühjahr.

Schon Otto Nicolai hat in seiner Meisteroper „Die lustigen Weiber von Windsor" mit der Arie „Horch, die Lerche singt im Hain" dem kleinen gefiederten Sänger, der Frühjahr für Frühjahr zu uns kommt, ein bleibendes Denkmal gesetzt. Und wer kann wohl die Zahl jener Dichter nennen, die die Feldlerche wegen ihres jubilierenden Gesanges als Frühlingsboten und Minnesänger der Lüfte gepriesen haben?

Tatsächlich ist es ein unvergeßliches Erlebnis, einen Frühlingstag zu genießen, an dem die Luft vom beschwingten Lied der Lerche erfüllt ist.

Wie faszinierend ist es doch, dem kleinen Sänger zuzusehen, wenn er tirilierend nahezu senkrecht in die Lüfte emporsteigt, oben schwirrend weitersingt und auch beim Rückflug zur Erde nicht verstummt. Dies gelingt dem Vogel nur deshalb, weil er beim Ein- und Ausatmen nicht absetzt und so fünf Minuten und länger singen kann. Die Feldlerche ist ja der einzige Vogel, der fast ausschließlich im Fluge singt.

Man kann es sich heute, wo die Lerche immer seltener wird, kaum vorstellen, daß noch im 19. Jahrhundert Millionen dieser Tiere in großen Netzen gefangen, auf den Markt gebracht und verspeist wurden. Ebenfalls auf den Tischen von Feinschmeckern landeten im vorigen Jahrhundert zur Frühlingszeit die Kiebitzeier.

Wer hat ihn noch nicht beobachtet, den beeindruckenden Frühlingsbalzflug des Kiebitzmännchens, der durch akrobatische Flugkapriolen auffällt? Vorerst steigt es mit kräftigem Flügelschlag in die Höhe, wobei es ein weithin hörbares „Kier-r-wie, kiewit-kiewit" hören läßt, das ihm seinen Namen gab. Dann läßt es sich überschlagend und drehend in die Tiefe fallen, als stürze es haltlos ab. Es ist ein beeindruckendes Schauspiel, diese Flugakrobatik am Frühlingshimmel zu beobachten.

Mit großer Ungeduld wird vom Jäger aber im März die Ankunft der Waldschnepfe – des Vogels mit dem langen Gesicht – erwartet. Denn wenn dieser Vogel bei uns eintrifft, dann zieht auch der Frühling ins Land.

Ein alter Jägerspruch lautet:

Okuli – da kommen sie!
Lätare – das ist das Wahre!
Judika – sind sie auch noch da!
Palmarum – Tralarum!
Quasimodogeneti – Hahn in Ruh, jetzt brüten sie!

Gerne hält sich die Waldschnepfe an feuchten, jedoch niemals ganz nassen Orten auf. Feuchte Gebiete sind deshalb Voraussetzung, weil die Schnepfe zur Nahrungsaufnahme – die mittels ihres langen Schnabels, des „Stechers", erfolgt – nur in weichen Böden „stochern" kann.

Die Waldschnepfe ist ein geheimnisvoller Vogel, allein schon deshalb, weil ihr Balzflug, der sogenannte „Schnepfenstrich", entweder zur Zeit des Aufgehens des „Schnepfensternes" am Abend erfolgt, oder ganz zeitig am Morgen.

Der gewöhnliche Flug der Schnepfe ist ein langsamer, träger, und nur zur Balzzeit führt sie allerlei Zickzackwendungen und sonstige Flugkünste aus, die sich wie anmutige Spiele in den Lüften ausnehmen.

Fast unglaubliche Sachen werden von der „Intelligenz" der Waldschnepfe berichtet. So soll sich etwa eine verletzte Schnepfe derart ausheilen, daß sie das bunte Gefieder wie einen Verband um die Wundstelle legt und dann so lange in ruhiger Lage verharrt, bis es trocken geworden ist und die Wunde luftdicht verschließt.

Auch die Mutterliebe der Schnepfe ist groß. Die weibliche Schnepfe nimmt, wenn ihren Jungen Gefahr droht, diese einen nach dem anderen aus dem Nest und trägt sie entweder mit den Krallen oder fest zwischen Hals und Brust an den eigenen Körper gepreßt in eiligem Flug davon.

Große Neugierde wird von den Waldschnepfen auch dem Licht entgegengebracht. Feuer an Waldrändern und auf Feldern, funken-

Schnepfenjagd, das ist vor allem eines – Stimmung!

sprühende Kohlenmeiler, Fabrikschlote und sogar beleuchtete nächtliche Eisenbahnzüge locken sie an.

Wenn die Araber die Schnepfe als „Esel unter den Vögeln" (*hammar al hadjel*) bezeichnen, so bedeutet dies sicher keine Verspottung, da die Bezeichnung „Esel" bei den Arabern sogar eine Ehre bedeutet, da sie beispielsweise auch einem großen Kalifen diesen Namen beigaben, der sich nicht nur durch Tapferkeit und Heldenmut, sondern auch durch besondere Klugheit, Weisheit und Gerechtigkeitsliebe ausgezeichnet hat.

Früher hat sich die Schnepfenjagd hoher Beliebtheit erfreut. So wissen wir aus geschichtlicher Überlieferung, daß die Grafen von Solms-Lich eigene „Schnepfenpfennige" prägen ließen, mit denen sie nach ihren Schnepfenjagden die Jäger und Treiber entlohnten. In Hessen gab es sogar „Schnepfendukaten", die jenem Schützen als Ehrenpreis zuerkannt wurden, von dem die erste Frühlings-schnepfe des Jahres erlegt worden war, und in Homburg wurde jenem Jäger, der eine Frühlingsstrecke von einhundert Wald-schnepfen nachweisen konnte, nicht nur der Titel „Schnepfen-könig" verliehen, sondern auch auf die Dauer eines vollen Jahres die Bezahlung aller Steuern erlassen.

Heute ist der Bestand der Schnepfe zurückgegangen, und die Jäger unserer Breiten haben sich daher selbst eine vernünftige Grenze gesetzt: „Ein Schnepf im Jahr genügt fürwahr!"

Noch heute erinnere ich mich, wie mir mein Vater begeistert von den guten Schnepfenjahren nach dem Ersten Weltkrieg erzählt hat. Er verstand es so ausgezeichnet, mir diese Stimmung zu vermitteln, daß ich mir lange vor meiner ersten Jagdkarte wünschte, selbst den Schnepfenstrich mitzuerleben.

Es war ein wunderschöner Vorfrühlingstag, als dieser Wunsch Wirklichkeit wurde.

Beim Treffpunkt gab es damals eine herzliche Begrüßung durch den Jagdherrn, dann die Zuweisung der Stände. Schon halb im Aus-gehen erreichte uns noch die Bitte des Jagdherrn, ja nicht auf die beiden Enten zu schießen, die täglich ums Dunkelwerden über den Bestand strichen. Diese Bemerkung veranlaßte mich zu besonderer

Vorsicht, denn ich hatte ja noch nie eine Schnepfe in frcier Wild-bahn gesehen und wollte durch einen voreiligen Schuß nicht meinen jagdlichen Gastgeber vergrämen. Also doppelt aufgepaßt!

Meiner Meinung nach hatte ich einen „Kaiserstand", denn ich stand genau dort, wo Jungholz an einen Altbestand grenzte. Aus Lehrbüchern wußte ich, daß die Schnepfe gerne am Rande des Altholzes streicht.

Das Licht wurde allmählich immer weniger. Jetzt mußte bald der Abendstern am Himmel auftauchen. Längst lag der Wald in lautloser Stille da. Da strichen plötzlich zwei Vögel auf mich zu. Die Enten, war mein erster Gedanke. Immer näher kamen sie, und als ich erkannte, daß ihre Schnäbel nicht breit, sondern lang und spitz waren, war an einen Schuß nicht mehr zu denken. – Da fiel auch schon auf dem Nachbarstand ein Schuß.

Am Sammelplatz erzählte der Schütze dann den interessiert Zuhörenden, wie es gewesen war, und er wunderte sich sehr darüber, daß ich nicht geschossen hatte, wo man dieses Pärchen doch sofort als „Stecherpaarl" erkennen hätte müssen. Ich sah ein, daß ich noch viel zu lernen hatte...

In den folgenden Jahren erhielt ich von meinem Freund regel-mäßig Einladungen auf den Schnepfenstrich, doch der Vogel mit dem „langen Gesicht" wurde mir nicht zur Beute. Gründe dafür gab es genug. Entweder die Schnepfen strichen nicht; oder sie strichen außer Schußweite; oder sie waren erst zu spät anzusprechen.

Als mein Freund in die ewigen Jagdgründe abberufen wurde, hatte ich viele Jahre keine Gelegenheit mehr, den Schnepfenstrich mitzuerleben. Bis mich eines Tages ganz unverhofft ein Jagdfreund fragte, ob ich nicht einmal zu ihm auf den Schnepfenstrich kommen wolle. Mit Freuden sagte ich zu. Doch sofort regten sich in mir auch Zweifel. Jetzt war es Herbst; und bis zum Frühjahr war es noch lange hin... – Wie groß war mein Erstaunen, als mich mein jagdlicher Gönner eines milden Märztages anrief und mir mitteilte, daß es nun so weit sei.

Als ich die Stadt in Richtung Schnepfenrevier verließ, war ein Tag, wie der Schnepfenjäger ihn sich erträumt. Lau lag die Frühlingsluft über dem Land. Die Weidenknospen zeigten schon einen grünen Anflug, und dort, wo die wärmenden Sonnenstrahlen hinreichten, lugten bereits erste Veilchen aus dem dürren Gras. Nur vereinzelt lagen noch Schneereste auf der Schattseite.

In einer Schneise vor mir stand ein Jagdgast, den ich nicht näher kannte. Ich stand etwa zwanzig Schritt hinter ihm.

Im Stangenholz vor mir schäkerte eine Elster, und weiter entfernt im Altholz baumte gockend ein Fasanhahn auf. Irgendwo gurrte ein Tauber sein sehnsuchtsvolles Liebeslied in den Abend, und ein Hase hoppelte gemächlich feldwärts.

Von meinem Stand aus hatte ich einen wunderschönen Ausblick auf die ferne Stadt, und das Lichtermeer zu meinen Füßen war einem Spiegelbild des sternenübersäten Himmels gleich. Da! Ein tiefes „Quorr–quorr" vor mir! Ein Feuerstrahl, und gleich darauf der Aufprall des kleinen Vogelkörpers im Dürrlaub.

Mein Nachbar, der auf der Schneise stand, hatte eine Schnepfe erlegt. Ich rief ihm ein „Weidmannsheil" zu, und im nächsten Moment stand er auch schon freudestrahlend neben mir. Sein Gewehr trug er gebrochen. Ich solle seinen Platz in der Schneise beziehen, bedeutete er mir, da dort mit Sicherheit noch ein weiterer Schnepf zu erwarten sei. Er würde sowieso nicht mehr schießen, da ihm ein Schnepf genug sei. So wechselten wir eilig die Plätze, und wirklich – kaum stand ich auf der Schneise – strich in raschem Tempo ein Schnepf an mir vorbei. Der schnell hingeworfene Schuß erreichte sein Ziel nicht, und der Langschnabel verschwand im Dunkel.

Nun war es Zeit, den Heimweg anzutreten. Das heißt, nach örtlichem Brauch folgte vorerst noch ein Kellerbesuch. Ein schöner Brauch. Nicht des Trinkens wegen, da ja die Mehrzahl der Grünröcke mit dem Fahrzeug hier war, sondern weil man auch die Geselligkeit pflegen sollte.

Da saßen wir also im gemütlichen Keller des Jagdleiters. Jeder packte sein Mitgebrachtes aus und legte es auf den Tisch. Den Wein dazu spendete der Hausherr. Wie konnte es auch anders sein, befanden wir uns doch im Weinviertel.

Dem glücklichen Erleger der Schnepfe wurde kräftig „Weidmannsheil" zugetrunken und einem anderen, der schon etliche Male gefehlt hatte, der freundschaftliche Rat erteilt, doch bei einem erfolgreicheren Schützen in die Lehre zu gehen.

Für den nächsten Tag – das heißt eigentlich für denselben, denn ein Blick auf die Uhr belehrte uns, daß die Zeiger schon auf nach Mitternacht standen – wurde ich neuerlich eingeladen.

Abermals stand ich auf „meinem" Platz in der Schneise. Diesmal kamen mir in der Dämmerung gleich drei Schnepfen zugleich. Ein Stecherpaar und nur wenige Meter dahinter ein einzelner Schnepf. Auf diesen schoß ich, und er fiel in weitem Bogen in ein nahes Gesträuch.

Deutlich hörte ich den Aufprall im Astwerk, doch als wir suchten, fanden wir ihn nicht. Auch bei der Nachsuche am nächsten Tag brachten wir die Schnepfe nicht zustande. Meine Stimmung war am Nullpunkt. Der Schnepfenstrich war mir verleidet.

Als mich mein Jagdkamerad für den kommenden Tag abermals einlud, sagte ich dankend ab. Für dieses Jahr hatte ich wirklich genug.

Wenn es nicht sein sollte, dann eben nicht! Doch die Zeit heilt Wunden und läßt Gott sei Dank vergessen; und als mein Jagdfreund mich nur eine Woche später wieder einlud, nahm ich mit Freuden an.

Diesmal war ich zeitiger als ausgemacht am vereinbarten Ort, da ich noch ein wenig photographieren wollte. So fuhren wir, für den Schnepfenstrich noch viel zu zeitig, ins Revier. Die Photos waren bald gemacht, und, obwohl noch „hellichter" Tag war, stellten wir uns schon auf unsere Plätze. Wieder bekam ich den Stand in der Schneise.

Es waren sicher noch keine zehn Minuten vergangen, als eine Bewegung zu meiner Rechten meine Aufmerksamkeit auf sich zog. Neben dem Gesträuch hatte sich ein Vogel erhoben und strich direkt auf mich zu. Eine Amsel, dachte ich zunächst, weil sich deren Gesang überall um mich herum vernehmen ließ. Doch als der Vogel näher kam, sah ich den Stecher…

Diesmal sollte es sein. Nicht weit von mir entfernt endete der Flug des „Schnepf". Mein erster! Wer könnte diese Freude mit Worten ausdrücken? Fast zwanzig Jahre hatte ich auf diesen Augenblick gewartet...

Der erste Rehbock

Fast unmerklich gleitet der Frühling in den Sommer über. Die Hitze der Sonne läßt die Luft über den Feldern flimmern, und eines Tages am Abend steigen dunkle Gewitterwolken am Horizont auf. Armdicke Blitze zucken zur Erde nieder. Wind kommt auf und fegt über das Land. Das ferne Grollen des Donners kommt immer näher, und unversehens schüttet der Himmel das langersehnte Naß über die ausgetrocknete Erde. Und so schnell, wie es gekommen, zieht das Gewitter wieder ab. Am Himmel tun sich die ersten Sterne auf, und wieder herrscht tiefe Stille. Von einer entfernten Wiese hört man das Geläute der Glockenkuh, dann breitet die Nacht ihren sanften Schleier über das Land.

Auf meinen Birschgängen führt mich der Weg oft über eine Wiese, die reich mit Blumen übersät ist. Besonders gerne mag ich die hell-lila Blüten der Wiesenglockenblumen, die zu läuten scheinen, wenn der Wind sanft an ihnen rührt. „Wetterglöckchen" werden sie im Volksmund auch oft genannt, weil sich die langgestielten, zarten Trichter in der Sonne aufrecht öffnen, während sie bei Nacht und Regen ihre Blüten schließen. Gern hat die Glockenblume als Gesellschafterin die Margerite, auch „Sunnawendbleaml" genannt, weil zur Sonnwendzeit ihre schneeweißen Blüten, Stern an Stern, in fast allen Wiesen, mit Ausnahme der trockensten und nassesten, blühen. Auch „I liab di von Herzen" wird die Margerite genannt, weil Verliebte diese Blume gern als Orakel verwenden, indem sie ein Blütenblatt nach dem anderen abreißen und dabei sprechen: „Du liebst mich – von Herzen – ein bißchen – ein wenig – oder gar nicht".

Wenn ich einem „Feuermohn" begegne, der im Frühsommer in einer für unsere Pflanzenwelt ungewohnten Pracht da und dort aufleuchtet, freue ich mich besonders. Wie feinstes Seidenpapier fühlen sich seine vier scharlachroten Blütenblätter an. Als Kulturbegleiter war der „Feuermohn" bereits früh bekannt, und die alten Ägypter gaben ihren Toten Feuermohnblüten ins Grab mit…

Die Zeit, in der ich erfolgreich auf meinen ersten Bock jagte, fiel ebenfalls in die Zeit der blühenden Wiesen. In meinem „Jagdbüchl" steht: *„Erster Bock im Winkel erlegt."* Und als Zusatz: *„Ein Mörderbock."*

Der „Winkel" ist ein Revierteil, der sich durch besondere Ruhe und Abgeschiedenheit auszeichnet, weshalb auch das Rehwild hier gerne seinen Einstand wählt. Mit dem „Winkel" verbindet mich nicht nur mein erstes Bockerlebnis. Ich liebe dieses Fleckchen Erde. Mit Vorliebe gehe ich immer wieder an diesen Ort, wenn mir der Sinn nach stillem Weidwerk steht. Dann sitze ich oft stundenlang in der geschlossenen Kanzel, die mich schon so oft vor überraschenden Gewittergüssen bewahrt hat, und beobachte die bunte Wiese vor mir, die mir durch viele Jahre so vertraut geworden ist.

Ich erinnere mich noch genau daran, so genau, als ob es erst gestern gewesen wäre, als ich zum ersten Mal hier saß:

Mein Jagdherr und heute schon langjähriger Freund Alois erzählte mir von einem „Mörderbock", der „hinten im Winkel" sein Unwesen treibe. „Es ist ein ganz gewöhnlicher Spießer", erzählte er mir, „eine Stange teilweise abgebrochen. Wahrscheinlich durchs Kämpfen." Sein eisgraues Haupt deute auf respektables Alter hin. Drei Geißen habe er schon geforkelt, und auch ein junger Bock sei bereits seinen messerscharfen Spießen zum Opfer gefallen. „Schau, daß d' eahm so bald wie möglich kriagst, bevor no mehr passiert", beauftragte er mich.

So konzentrierte ich meine Ansitze auf den „Winkel", und eines Tages schlug dann meine Stunde.

Die Sonne war schon untergegangen, als sich das eisgraue Haupt eines Stückes Rehwild aus dem Unterholz schob. Ein Blick durchs Glas – es war der Bock. Jetzt, wo er endlich vor mir stand, ging ein Zittern durch meinen Körper. Die Zähne klapperten aufeinander, und es gelang mir nicht, das Fadenkreuz nur halbwegs ruhig ins Blatt zu bringen. Ich setzte ab. Was nicht ging, ging nicht.

Ruhig zog der Bock zur Äsung aus, immer wieder sichernd. Plötzlich spannte sich sein Körper, und gleich darauf hetzte er, wie von Furien gejagt, in den Bestand zurück. Ein Keuchen, das markdurchdringende Klagen eines anderen Rehes, ein Fortbrechen, dann wieder Ruhe.

Nach geraumer Weile trat der Bock wieder vorsichtig zur Äsung aus. Die linke Geweihspitze war jetzt rot vom Schweiß seines Widersachers. Nun war ich ganz ruhig, als ich das Gewehr hob. – Die Krone dieses Bockes hängt heute in meinem Jagdzimmer an einem Ehrenplatz.

Beruhigend, den Schweißhund um sich zu wissen, auch wenn der Ernstfall „Nach-suche" selten eintritt

Der Stärkste

Um es gleich vorwegzunehmen: Der Bock, von dem hier die Rede sein soll, ist nicht etwa im eigenen Revier, quasi als Lohn jahrelanger Hege, gefallen. Nein, er kam ganz unverdienterweise in meinen Besitz, und zwar aufgrund einer Einladung meines Freundes Helmut. Es war also ein richtiger Überraschungsbock, und das in mehrfacher Hinsicht.

Helmut, das soll hier ebenfalls vermerkt werden, ist einer jener seltenen Spezies von Jagdherren, von denen ein Jagdgast ein Leben lang träumt. Nicht nur, daß er dem Gast die besten Stände bei der Treibjagd überläßt, er gönnt ihm auch, und wirklich neidlos, die stärksten Stücke. Glücklich, wer einen Jäger derartiger Gesinnung seinen Freund nennen darf.

Eines Tages, gegen Ende Juli, rief mich Freund Helmut an und lud mich auf einen Rehbock ein. „Du hast alles frei, was paßt", sagte er, „und es würde mich besonders freuen, wenn du den besten Bock bekommst, den ich im Revier habe."

Ich kannte meinen Freund und wußte, daß er es ehrlich meinte. Die Freude darüber war auch entsprechend groß, obwohl ich nicht im entferntesten daran dachte, seinen besten Rehbock auf die Decke zu legen. Bereits zum nächsten Wochenende wollte ich mich ein wenig in dem Revier, das schon recht nahe der Grenze zu Ungarn liegt, umsehen.

Das Wetter war zwar alles andere denn ein „Brunftwetter", aber ich wollte es dennoch probieren. Die ganze Nacht über peitschte der Wind den schweren Regen an die Fensterscheiben. Gelegentlich machte ich einen prüfenden Blick zum Fenster hinaus, um zu sehen, ob nicht am Ende gar die „Wilde Jagd" vorbeizog.

Am Morgen ließ der nasse Segen etwas nach, aber der orkanartige Wind fegte mit unverminderter Geschwindigkeit über die ebene Pußta-Landschaft. Unwillkürlich erinnerte ich mich dabei an den alten Jägerspruch, der da lautet: „Wenn der Wind jagt, braucht der Jäger nicht zu jagen." Doch was nützte mir der altehrwürdige

Spruch, wenn mit dem Jäger bereits eine Morgenbirsch unwiderruflich vereinbart war.

Mißmutig kroch ich aus den Federn, zog das wasserfesteste Zeug an, das ich finden konnte und machte mich auf den Weg. Mein Birschführer war über das Wetter auch nicht gerade glücklich, aber da wir nun beide schon einmal aus dem Bett waren, wollten wir unser Weidmannsheil versuchen.

Bei der „Holdenlacke" ginge ein braver Einstangler, meinte mein Begleiter auf dem Weg ins Revier. Ob ich ihn mir einmal ansehen wolle? Und ob ich wollte! Nur war bei diesem Wetter die Frage, ob auch der Bock wollte. Ich versuche, mich immer in die Lage des Wildes hineinzudenken, und wenn ich so überlegte, was ich wohl heute als Rehbock tun würde, konnte die eindeutige Antwort nur lauten: in der windgeschütztesten Ecke des Schilfwaldes bleiben...

Und so war es auch. Die Holdenlacke, ein idyllisch gelegenes Wasser, von einem breiten Schilfgürtel eingesäumt, ist ein Paradies für Enten. In der aufkommenden Morgendämmerung hörten wir sie dann auch direkt über unsere Köpfe hinwegklingeln, um im nahen Teich einzufallen. Allzuviel Vorsicht brauchten wir beim Besteigen des Hochstandes nicht walten lassen, denn der Wind riß jedes Geräusch mit sich fort.

Der Hochstand lag wunderschön am Rande des Schilfgürtels. Er hatte nur einen Fehler: Er war für „Sonnenschein" gebaut und trug kein Dach. Das Sitzbrett war klitschnaß, und trotz untergelegter Decke konnten wir uns leicht ausrechnen, bis wann wir im Nassen sitzen würden.

Eine Zeitlang sollten wir hier heroben aber doch aushalten, meinte der Jäger. Ich beneidete ihn um seinen Optimismus. Wir machten es uns – soweit möglich – bequem und harrten der Dinge, die da kommen würden. Ich rechnete mit allem, nur nicht mit dem Bock. Und ich behielt recht.

Enten fielen zu Hunderten auf der Holdenlacke ein. Ganz tief kamen sie angestrichen und pfeilschnell mit dem Wind. Wie schön wäre es jetzt hier, wenn es nicht wie aus Gießkannen schüttete!

Von Minute zu Minute mehr gab der heraufziehende Morgen die Sicht auf die Landschaft frei. Allmählich löste sich aus der Ferne auch der hochaufragende Dorfkirchturm aus der Dunkelheit, doch nur undeutlich und verschwommen konnte man seine Konturen durch den Regenschwall hindurch erkennen. Irgendwo in dieser Richtung mußte nun auch bald die Sonne aufgehen...

Im Nacken spürte ich es jetzt kalt und naß hinunterrinnen. Hatte also doch ein Wasserfaden den Weg durch den schützenden Lodenstoff gefunden. Gerade wollte ich dem Jäger von dieser Erkenntnis berichten, als eine Sturmböe die Schilfrohre vor uns fast bis an den Boden drückte. Und da sahen wir ihn, den Einstangler, für den Bruchteil einer Sekunde. Er war im Schilf niedergetan. „Der wird so schnell net hoch", meinte der Jäger, und ich konnte ihm nur aus tiefster Überzeugung beipflichten. Wenig später fuhren wir heim, um die nassen Kleider zu trocknen.

Am frühen Nachmittag wollten wir es abermals versuchen. Ich bilde mir nicht ein, daß meine vorwurfsvollen Blicke, die ich hin und wieder zum bleigrauen Himmel gerichtet habe, den Wettergott dazu bewogen haben, den Winden Einhalt zu gebieten. Doch je mehr der Tag zunahm, um so mehr ließ der Wind nach, und als es um die Mittagszeit auch noch zu regnen aufhörte, war mein Glück beinahe vollkommen.

Während wir uns, früher als ursprünglich vereinbart, wieder auf dem Weg ins Revier befanden, zeigte sich sogar ab und zu die Sonne. Natürlich galt unser ganzes Sinnen und Trachten dem Einstangler, und wir sahen ihn auch – unerreichbar – inmitten eines riesigen Getreidefeldes eine Geiß treiben. „Daß uns der rauskommt, das erleben wir heute nimmer. Der fühlt sich da drin sicher", meinte mein Birschführer, fügte aber gleichzeitig hinzu, daß wir am Morgen gute Chancen hätten. Heute wollten wir uns deshalb ein wenig in einem anderen Revierteil umsehen.

Vor wenigen Wochen war Sommersonnenwende gewesen, und schwer standen die goldgelben Ähren im Halm. Sanft bewegten sich ihre gewichtigen Häupter, wenn der Wind darüberstrich. Da und dort konnte man eine suchende Weihe in gaukelndem Flug niedrig über den Boden streichen sehen, und hin und wieder hob sich aus den Ähren neugierig das Haupt eines Rehes, das erkunden wollte, wer hier die Ruhe störte.

Vom Dorf klangen verschwommen sieben Glockenschläge, die langsam in der Landschaft verzitterten.

Die Sonne stand schon tief. Man konnte jetzt ihre blasse Scheibe hinter der Wolkendecke erahnen. Der Jäger, der sorgfältig jedes Getreidefeld absuchte, hielt plötzlich den Wagen an, um sein Glas vom Rücksitz aufzunehmen. Bald hatte auch ich das Objekt seiner Aufmerksamkeit in Form eines geweihtragenden Rehhauptes entdeckt, das inmitten eines riesigen Getreidefeldes zu sehen war.

„Der Bock tät wegghörn", meinte der Jäger, „wahrscheinlich hat er den Lungenwurm, dem verdrehten Gweih nach."

Nun, ich würde mich nicht lange bitten lassen. Die Frage war nur: Wie sollten wir das anstellen?

Der Bock, der allem Anschein nach schon eine Kugel pfeifen gehört hatte, war sehr heimlich. Er stand fast genau in der Mitte des Feldes, und dort war ihm nicht beizukommen. Vorsichtig gingen wir das Feld ab und entdeckten eine schmale Furche, die eine Trennung zwischen dem Weizen- und dem Kornfeld bildete. Mein Plan war rasch gefaßt: Wenn der Bock, der nun langsam weiterzog, seine Richtung beibehielt und wenn er dann auch noch für einen Augenblick in der schmalen Furche verhoffte und wenn... ja, wenn!

Langsam näherte sich das Wild jetzt wirklich der Furche. Längst hatte ich am Birschstock angestrichen. Mir fiel der alte Jägerspruch ein: „Wenn's gehn will, geht's leicht." Und es ging leicht.

Sankt Hubertus führte auf wunderbare Weise Regie. Inmitten der Furche verhoffte der Bock und äugte nach dem verdächtigen Etwas am Ende des Feldes – gerade lange genug. Der Schuß brach, aber der Bock hat ihn wohl nicht mehr vernommen. Beim Aufbrechen stellte sich heraus, daß er tatsächlich einen schweren Lungenwurmbefall hatte.

Am Abend rief der Birschführer den Jagdherrn an, um ihm von meinem Weidmannsheil zu berichten. Freund Helmut freute sich sehr, daß der kranke Bock zur Strecke gekommen war, sagte dem Jäger aber in einem Atemzug, daß er für den nächsten Morgen einen „Einser" zu sehen wünsche.

In der Nacht zog ein schweres Gewitter mit Hagelschlag über das Land, und noch am Morgen, als wir ins Revier fuhren, war der Himmel mit einer dicken, dunklen Wolkendecke verhangen. „Beim See draußen", meinte mein Birschführer, nachdem er die Lage sondiert hatte, „da gäbe es so eine Stelle..."

Der Hagel hatte auf den Feldern um den See verheerend gewütet. Ganze Getreidestreifen lagen darnieder, und wo noch Halme einigermaßen aufrecht standen, waren sie ineinander verfilzt. Ganz in Gedanken an den angerichteten Schaden, entdeckte ich plötzlich zwei „starke Halme", die jedoch nicht gelb, sondern schwarz waren. Das Glas zeigte es mir dann genau: außergewöhnlich gute Stangen einer Rehkrone. Der Jäger erkannte den Bock sofort als einen, den er schon lange im Bockhimmel wähnte. Beim Anblick dieser stattlichen Krone lief es uns heiß und kalt über den Rücken. Der Bock stand reglos da. Sein Haupt konnte man im Halmengewirr nur erahnen, und vom Körper ließen sich lediglich die Konturen ausmachen. Der war gewitzt!

Mein Birschführer begann im Telegrammstil zu erzählen: Der Bock sei ihm schon viele Jahre bekannt. Einmal sei er jenseits des Baches im Nachbarrevier gestanden und dann wieder herüben. Und: Man habe ihn schon gut zwei Jahre nicht mehr in Anblick bekommen.

Während mein Begleiter erzählte, hatte sich der Bock umgedreht. Nun würde er aller Voraussicht nach bald abspringen. Der Jäger mahnte zur Eile. Vorsichtig suchte ich nach einer geeigneten Auflage, und als der Schuß brach, reagierte der Bock merkwürdig. Ohne zu zeichnen flüchtete er aus dem Getreidefeld heraus in meine Richtung und stand frei auf der Wiese, wo er nochmals verhoffte. Diesmal fand die Kugel ihr Ziel.

Die eigenartige Reaktion auf den ersten Schuß ließ sich nur so erklären, daß die mächtigen Pappelbäume, die das Feld wie eine Wand umsäumten, den Knall derart zurückgeworfen haben mußten, daß der Bock die Gefahr aus der falschen Richtung vermutete. Die erste Kugel war vermutlich im verfilzten Getreide abgelenkt worden.

Als ich nach geraumer Zeit an meinen Bock herantrat, wußte ich, daß mir in meinem Jägerleben wahrscheinlich kein besserer mehr beschieden sein würde.

Fischen mit dem „Leihopa"

Gegen die Mitte meines „Jagdbüchls" findet sich auch eine Eintragung, die von „Petri-" und nicht von „Weidmannsheil" berichtet. Da steht: *„Erste Forelle in der Kleinarler Ache gefangen."* Und das kam so:

Mein Freund Hannes war wohl kein Jäger, aber ein begeisterter Fischer. Ich versuchte öfters, ihn zu bewegen, auch Jäger zu werden. Obwohl er Interesse und Verständnis dafür zeigte, gelang es ihm statt dessen, mich zum Fischer zu machen, indem er mir von stillen, stimmungsvollen Stunden an einsamen Gewässern erzählte.

Freund Hannes wollte mich vorerst in die Geheimnisse des Forellenfanges einweihen, und dazu haben wir uns ein ausgezeichnetes Fischwasser in der Kleinarler Ache ausgesucht. An einem wunderschönen Sommertag wollten wir es erstmals versuchen. Hannes warf die Angel aus und zog den Blinker wippend durch das schäumende Wasser. Aber keine Forelle wollte bei ihm den Blinker annehmen. So übergab mir Hannes bald die Angelrute mit der Bemerkung, es doch einmal selbst zu versuchen.

Mein erster Wurf gelang mir wohl nicht so gut wie ihm, denn der Blinker fiel nicht in die Mitte des Wassers, sondern am Rand in die Nähe einer Gumpe. Da sich Freund Hannes etwas abseits mit dem Fischzeug zu schaffen machte und mir keinerlei Aufmerksamkeit zollte, wollte ich, um meinen „mißglückten" Wurf zu vertuschen, den Blinker rasch einziehen. Doch plötzlich gab es einen Biß, und eine Dreiviertel-Kilo-Forelle war mein. Anfängerglück!

Seither fische ich schon viele Jahre, doch das lustigste Erlebnis hatte ich damals, als ich mit einem „Fischerkollegen" besonderer Art auf Saiblingfang ging. Den „Leihopa der Nation" aus dem Fernsehen, Alfred Böhm, und mich verband nämlich nicht nur eine jahrzehntelange Freundschaft, sondern auch die Leidenschaft des Fischens. In den vielen Stunden, die wir gemeinsam verbrachten, erzählten wir natürlich auch von unseren Fischereierlebnissen, und so reifte der Wunsch, einmal gemeinsam zu angeln.

Die Absicht war also vorhanden, nur der Durchführung stand noch ein gefüllter Terminkalender Fredis entgegen. Als uns dann aber ein gemeinsamer Freund in sein wunderschönes Fischwasser in der Steiermark einlud, das in etwa tausend Meter Seehöhe inmitten einer herrlichen Gebirgswelt lag und wo es von Saiblingen und Forellen „nur so wimmelte", mußte ein Termin gefunden werden. In der Folge nahm Fredi drei Anläufe, bis es endlich so weit war.

Bei mir als „Aktivem" war die Festlegung eines Termins ja weiter kein Problem. Die Schwierigkeiten lagen, wie üblich, beim „Pensionisten", bei Fredi Böhm – „I hab no nie so viel gearbeitet, wia jetzt in der Pension", meinte er einmal gestreßt.

So zog also Fredi mit seiner Gattin Traude sowie einem dicken Rollenbuch im Gepäck zum Fischfang aus, frei nach dem Motto: „Das Leben ist eines der schönsten."

Gemeinsamer Treffpunkt war an einem klaren, heiteren Freitagmorgen auf einer Autobahnraststätte. Da es noch ziemlich zeitig war, benützte Fredi die Gelegenheit, sich ein kleines Frühstück zu genehmigen, denn unsere Reise dauerte lang, und Hunger tut ja bekanntlich weh. Ich schloß mich seiner Ansicht gerne an.

Während des Frühstücks erzählte Fredi von dem damals erst kürzlich erfolgten, spektakulären Einbruch in sein Landhaus. Immer wieder wunderte er sich über das mitgenommene Diebsgut, welches unter anderem aus einem Zinnkrug, Marmeladen, Kompott, Honig, einer Stange Wurst sowie einer tiefgekühlten Ente und sogar einer Pendeluhr bestand. Letztere sollte dem Dieb wahrscheinlich anzeigen, wieviel es ihm geschlagen hatte.

Fredi war überzeugt davon, daß man den Übeltäter bald finden würde. Im übrigen sollte ihn in Zukunft eine Alarmanlage vor derart ungebetenen Gästen bewahren. Mit Galgenhumor scherzte er, daß er von den Philharmonikern einen Geigerzähler engagiert habe, der ihm die gestohlenen Sachen wieder finden lassen solle.

Unsere Fahrt in die Grüne Mark verlief ohne Zwischenfälle, und wir sind gottlob auch keinem einzigen Geisterfahrer begegnet, die damals auf dieser Strecke recht häufig unterwegs waren. Mit

Alfred Böhm -
unvergessener „Leihopa der Nation",
immer zu Späßen aufgelegt

halbstündiger Verspätung kamen wir wohlbehalten an und wurden von Oberjäger Roman herzlich empfangen, der uns zu rascher Weiterfahrt in das Jagdhaus anhielt.

Dort wartete bereits der „gute Geist" in Person von Frau Elfi auf „ihren Ober Alfred". Mit einem Essen, das drei Hauben wert gewesen wäre, verstand sie es, die Sympathie des „Leihopas" im Handumdrehen zu erringen, und Fredi verlieh ihr auch spontan die „Goldene Serviette".

Bereits am frühen Nachmittag gingen wir zum Fischen, denn unser Gastgeber sollte mit seiner Gattin erst spät abends eintreffen. Am See angekommen, hatte Fredi vorerst noch einen Kampf mit seiner unbotmäßigen Angelschnur zu bestehen, der aber unter Mithilfe von Oberjäger Roman letzten Endes doch zu seinen Gunsten entschieden wurde.

Gekonnt landete Fredi seinen Blinker im kristallklaren Wasser des Sees und versuchte mit aller Raffinesse, die Fische zu betören. Doch schien es an diesem Tag, als hätte er unter den Fischen nicht allzuviele „Fans". Aber morgen war ja auch noch ein Tag.

Nach einiger Zeit packten wir nach unserem „Probefischen" wieder unsere Siebensachen, und während Fredi zurück zur Jagdhütte fuhr, um sich kulinarisch verwöhnen zu lassen, unternahm ich mit Oberjäger Roman noch einen Birschgang, um ein wenig nach den Rehböcken zu sehen. Wir wurden mit einem guten Anblick belohnt: Hirsche, Tiere, Gams, Adler, Rehgeißen mit ihren Kitzen und natürlich auch Rehböcke konnten wir auf kürzere und weitere Entfernung beobachten. Ein passender Bock war aber nicht dabei.

Mit der Sonne neigte sich der wunderschöne Tag seinem Ende zu, und allmählich mußten wir an die Heimkehr denken. Freund Walter, der uns eingeladen hatte, war inzwischen mit seiner Gattin angekommen, und die Stimmung war bereits ausgelassen. „Und jetzt", meinte unser Gastgeber, „wo wir alle beisammen sind, gibt es zunächst einmal einen Begrüßungstrunk." Und zu Fredi gewandt: „Du trinkst doch auch einen?" – „Sicher", ulkte dieser, „i eß wenig, und des bißl, was i iß, des kann i a trinken…" Allgemeines Gelächter. Der linke freie Oberarm von Walter – er war wegen der Hitze im kurzärmeligen Hemd, erregte bald Fredis Aufmerksamkeit. Beim nächsten Stamperl meinte er in seiner trockenen Art zu unserem Freund: „Man sieht's an dem starken Bizeps deines linken Oberarmes, daß du a Jaga bist. Aber du mußt aufpassen. Trink do zur Abwechslung a amol mit der anderen Hand, damit dir im rechten Arm der Muskel net verkümmert…"

Diesen Seitenhieb auf die Jäger ließ Walter nicht auf sich sitzen. Postwendend kam die Retourkutsche. „I hab ghört", meinte er, „daß de Fischer a sehr mit der Leber anfällig sind!" Meinte Fredi darauf, ohne mit der Wimper zu zucken: „I war eh erst beim Arzt, die Leber untersuchen lassen". „Und was hat er gsagt?" wollte Walter wissen. – „Also, der Doktor druckt mi ab, runzelt sorgenvoll die Stirn und meint: Sie haben's in der Leber! Darauf ich, etwas beunruhigt: I spür aber nix. Darauf der Arzt belehrend: Der Alkohol ist auch ein langsam wirkendes Gift." Da, erzählt Fredi, habe er erleichtert geantwortet: „Gott sei Dank. Wenn's sonst nix is – Zeit hab i gnua…"

„Der Alkohol", warf nun Walters Gattin Lotte ein, „geht aber auch in's Gewicht." – „Das is richtig", bestätigte ihr Fredi. „Mein geringstes Gwicht hab i vor über 60 Jahr ghabt – drei Kilo achtzig. Des Gwicht hab i nie mehr wieder erreicht, obwohl i mi immer so angstrengt hab."

Heiterkeit in der Runde. Plötzlich ruht Fredis Blick hinterlistig auf mir. Ich wußte, nun war ich an der Reihe – und schon fragte er mich: „Hörst, du bist do a Postler. Wia tätst du an Laien erklären, wia die Telegraphie funktioniert?" Nun versuchte ich möglichst ernsthaft, diesen technischen Vorgang verständlich zu erklären. Doch Fredi winkte lässig ab: „Alles viel zu kompliziert für an Laien. Paß auf, i werd dir das erklären. Also stell dir vor, du hast an Dackel, der reicht von Wien bis Linz. Wann du jetzt den Dackel in Wien in den Schwanz zwickst, dann wird er in Linz bellen… des is Telegraphie." Wir hatten uns vom Lachen noch nicht erholt, da kam schon die zweite Frage: „Und jetzt sag mir no – was is drahtlose Telegraphie?" Fragende Gesichter in der Runde. „Na, ganz afoch – dasselbe, nur ohne Hund…"

Fredi war jetzt in Fahrt. „Sag amol", fragte er wieder den Gastgeber, „bei euch Jaga gibt's jo net nur solche, de nur aufs Wild jagen. Ihr habt's jo a no an eigenen Berufsstand – de Schürzenjaga". „Halt", unterbrach ihn Walter, „de gibt's bei de Fischer a". Da schaute Fredi ganz verwundert: „I hab no nia was von an „Schürzenfischer" ghört! Aber ihr Jaga müßt's eh guat beinander sein", fuhr er unbeirrt fort. „Fast jeder zweite hat a Doppelfunktion: Jaga und Schürzenjaga. I hab a so an ‚Doppelfunktionär' kennt. Sei Frau hat ma lad tan, und wia sie's erfahren hat, was er so als ‚Hobby' betreibt, hat's eahm natürlich an mords Markt gmacht. ‚I kann mi im Dorf nimma segn lassen', hat's eahm wutentbrannt vorghalten, ‚weil du a Verhältnis mit aner anderen hast'. Meint der Jaga trocken: ‚Des is mei Sach'. ‚Ja, und des Madl kriagt a Kind, hab i ghört', jammert sie weiter. ‚Des is ihr Sach', sagt der Jaga. ‚Wann des stimmt', drauf sei Frau, ‚geh i mitn Hund ins Wasser'. Jetzt verlor der Jaga endlich seine Ruhe. Mit einem Satz beendet er den Diskurs: ‚Der Hund bleibt da…' ". Hier konnten unsere Damen zu Recht nur sehr gequält lachen.

„Sag, habts ihr Fischer a an Schüsseltrieb, wia mir Jaga", wollten wir von Fredi wissen. „Ja freilich", bestätigte er unsere Frage. „Da geht's allaweil gmüatlich zua. Grad unlängst bin i wieder erscht in da Fruah hamkumma." – „Ja, und was hat denn da dei Trauderl gsagt?" wollten wir wissen. „Nix", antwortete Fredi, „und de Vorderzähn wollt i mir sowieso reißen lassen…" Nicht nur Traude lachte Tränen.

Ein Blick auf die Uhr zeigte uns, daß es schon weit nach Mitternacht war. Wir mußten ans Schlafengehen denken, denn die Jäger unter uns beabsichtigten eine Morgenbirsch.

„Wann steht's denn da schon auf?" wollte Fredi wissen. „So ums Morgengrauen", gab Walter Auskunft. „Willst mitgehen?" Doch Fredi winkte dankend ab. „Des is für mi zu zeitlich. Bei mir fangt des Morgengrauen dann an, wenn i mi in der Fruah in Spiagl schau." Ein Scherz, den sich der gutaussehende und braungebrannte Fredi locker leisten konnte.

Unsere Morgenbirsch war wunderschön, blieb aber ohne Beute.

Ein wichtiges Geschäft -
Alfred Böhm mit Freund Walter beim Fischegrillen

Als wir so gegen acht Uhr wieder heimkamen, hatte noch für niemanden das „Morgengrauen" begonnen, und alles lag noch in tiefster Stille. Nur unsere Frau Elfi war schon eifrig am Werk, und der köstliche Duft von frischem Kaffee durchströmte das Haus. Der verlockende Geruch dürfte zumindest dazu beigetragen haben, daß nach und nach wirklich die ersten verschlafenen Gestalten auftauchten.

Die belebende Wirkung des „schwarzen Giftes" trug aber in kürzester Zeit zum Munterwerden aller bei, und schon wurden weitere Pläne geschmiedet. Fredi hatte seinen Räucherapparat mitgenommen und wollte uns vormittags in den Genuß geräucherter Fische bringen. Für ein Gabelfrühstück würde unsere schmale Beute vom Vortag wohl reichen, meinte er optimistisch. Fast wären die Fische tatsächlich zu wenig geworden, denn Fredi verstand es wirklich meisterlich, sie zu schmackhaften Köstlichkeiten zuzubereiten.

Nachmittags ging es wieder ans „Nachschubholen". Wir packten unser Angelzeug ein und fuhren in hoffnungsvoller Erwartung zum See. Dort wurden unsere Gesichter allerdings immer länger, denn es war Wochenende, und der See war mit Ausflüglern übervölkert.

Fredi stand kaum beim Wasser, da riefen ihm die ersten auch schon zu: „Petri Heil, Herr Böhm!" Ein frommer Wunsch, dessen Erfüllung auch ihn sehr gefreut hätte, doch bald war er umringt von Autogrammjägern und Hobbyfotografen. Zwischendurch gelang es ihm sogar, den Blinker auszuwerfen. Als erstes biß eine untermaßige Forelle. Behutsam löste Fredi den Haken, und als er den Fisch vorsichtig ins Wasser zurücksetzte, rief er noch nach: „Und jetzt schwimmst schön heim und schickst deine Eltern!" Das „Forellenkind" dürfte diese Botschaft wirklich ausgerichtet haben, denn in der Folge landete Fredi einige starke Bachforellen. Eine davon war ein wahrer „Sechzehnender" von Forelle, wie er mir strahlend seinen kapitalen Fang ins Jägerische übersetzte.

Nach einem erfolglosen abendlichen Rehbockansitz meinerseits meinte Fredi, da auch ich Petri Heil gehabt hatte: „Sei froh, daß'd Fischen a glernt hast, sonst müßtest jetzt als Schneider heimfahren!"

Viel zu schnell war die Zeit vergangen, und wir mußten tatsächlich schon an die Heimfahrt denken. Das heißt, bis auf Fredi mit Gattin. Sie wollten noch einen Tag anhängen, damit Fredi in der herrlichen Umgebung der Gebirgswelt seine Rolle für „Das seltsame Paar" studieren konnte.

Ein paar Jahre waren Fredi Böhm nach diesem Anglerausflug noch gegönnt. Für uns aber war es das letzte gemeinsame Fischen. Seine knappe Freizeit und zuletzt auch seine Krankheit haben ein weiteres Mal nicht mehr erlaubt.

Ein Gams im Gewitter

Den „Gewittergams" konnte ich zwar nicht als Beute in mein „Jagdbüchl" einschreiben, aber die Geschichte rund um ihn ist es trotzdem wert, erzählt zu werden.

Es war vor vielen, vielen Jahren. Wir schrieben Mitte August, und mein Urlaub ging zu Ende. Zu schnell, wie immer. Bald schon hieß es, von meinen geliebten Salzburger Bergen Abschied zu nehmen. Doch ein paar schöne Tage würden mir wohl noch bleiben, denn von der Adria her erstreckte sich ein mächtiges Hoch bis in den Alpenraum herein.

Eines Morgens – ich war gerade beim „Wetterschmecken", kam ein Anruf. Michi war es, einer meiner Salzburger Jagdfreunde. „S'Wetter war so richtig guat zan Gamserlschaun", meinte er, und wenn ich wolle, könne ich mittags mit in die Rauris fahren. Und ob ich wollte! Auf sein Anraten beschaffte ich mir am Vormittag noch funkelnagelneue Bergschuhe.

Derart ausgerüstet, den Wetterfleck auf den Rucksack geschnallt und mit Proviant für zwei Tage versehen, ging es los. Auch Kaspar, Schischulinhaber des Ortes und Mitpächter des Rauriser Reviers, schloß sich an. Auf der Fahrt wurde der Plan zurechtgelegt. Da das Rehwild in der Brunft stand, wollte Michi natürlich nach den Böcken schaun. Kaspar und ich sollten uns den Gams widmen.

„Wiaviel Gamsei hast denn scho gschossn?" fragte mich Kaspar. Damals mußte ich gestehen, daß ich weder ein „Gamsei" geschossen noch je eines in freier Wildbahn gesehen hatte.

„Jo, wann dös so is", überlegte Michi, „nocha kunnt ma eahm do oa Gamsei bei uns schiaßn lossn!"

„Dös gang a leicht", war auch Kaspar dieser Meinung.

Eine Weile überlegten beide. Wohl, wie sie mich am besten an den Gams heranbringen könnten, da sie mir als „Flachländer" ja nicht soviel zumuten konnten, wie ihresgleichen. So berieten sie hin und her, bis Kaspar einfiel: „Oba wia toan mir hiatzt, wann mir nur oa Büchs bei uns haben?" Es hatte nämlich nur Michi seinen

Stutzen mitgenommen. Zurückfahren und ein zweites Gewehr holen ging nicht mehr. Dazu waren wir schon zu weit von zu Hause weg. Doch Michi wußte Rat. „In der Rauris suach i mein Vettern auf. Zeit is ja no. Und der soll ma a Büchs borgen." Gesagt, getan.

Als er wiederkam, war er sehr aufgeregt. Nicht wegen des Gewehrs. Das hatte er. Aber der Rehbock ließ ihm keine Ruhe. Sein Vetter, der auch die Aufsicht des Reviers besorgte, hatte nämlich auf der „Ploack" am Tag zuvor einen kapitalen Rehbock fast unter dem Hochstand gesehen, und das trieb Michi zur Eile.

Er wollte nämlich noch Kaspar und mich ein Stück hinein ins Tal bringen. Dort sollten wir zum „Kochhüttl" aufsteigen, während er wieder zurückfuhr, um auf dem Hochstand auf der „Ploack" sein Weidmannsheil auf den Rehbock zu versuchen.

Am Ziel angekommen, riet Kaspar angesichts des strahlenden Sonnenscheins, daß wir alles, was wir nicht brauchten, im Auto lassen sollten. Auch den Wetterfleck.

„Ban Steigen tuat da nämli jeda Deka weh, der zviel is", meinte er, und das ließ ich mir nicht zweimal sagen, denn mein Schweißverlust war schon ohne Gepäck beträchtlich. Von Michi konnten wir nur noch eine Staubwolke sehen, die sein Wagen zurückgelassen hatte.

Es war jetzt Mittag. Gegen acht Uhr abends wollte er uns wieder hier abholen.

Jetzt erst, wo wir mit dem Aufstieg begannen und ich die „steile Leiten" vor mir sah, fragte ich vorsichtig nach dem Ziel unseres Unternehmens. Kaspar deutete mit dem Bergstock nach einer starken Wetterfichte und meinte: „Durt aufe!" – „Durt aufe" war nach meiner Schätzung etwa eine Stunde zu steigen. Das würde ich wohl schaffen.

Je höher wir allerdings stiegen, um so mehr kamen mir Zweifel an meiner Schätzkunst. Wir waren nämlich bereits eine gute Stunde unterwegs und hatten noch nicht einmal die Hälfte des Weges zurückgelegt. Jetzt spürte ich noch dazu ein höllisches Brennen in den Füßen, das sich mit jedem Schritt verschärfte. Meine Füße wollten sich nämlich eigensinnigerweise absolut nicht den Formen der neuen Schuhe anpassen. Fürs erste legte ich deshalb eine Verschnaufpause ein.

Kaspars Kommentar dazu: „Am Berg muaßt gehn wia a Ochs!" Dies versuchte ich dann auch die nächsten paar Schritte, jedoch erfolglos, was ja auch begreiflich war. Wo jemals hatte ein Ochse Schuhe an? Noch dazu solche, die ihn drückten! Jetzt lag der Zeitpunkt nicht mehr fern, wo mir selbst der kapitalste Gamsbock gestohlen bleiben mochte.

Um meinen geschundenen Gehwerkzeugen ab und zu eine kleine Erholungspause zu gewähren, fragte ich Kaspar von Zeit zu Zeit entweder nach den Namen der umliegenden Berge, nach deren Höhe oder nach dem Wildvorkommen in dieser Gegend. Kaspar gab mir auch bereitwilligst, aber leider viel zu kurz Auskunft. Und als ich ihn zum dritten Mal um den Namen ein und desselben Berges gefragt hatte, mußte ich diese Art, zu einer kleinen Rast zu kommen, aufgeben, um nicht in den Verdacht zu gelangen, daß mir die Sonne zu stark zugesetzt hätte.

In der Folge war ich intensiv damit beschäftigt, die Fährte meines Jagdkameraden nicht zu verlieren. Kaspar ging nämlich wirklich wie ein Ochse. Ohne zu rasten und ohne sich umzudrehen. Es dauerte auch nicht lange, und er war hinter einem Riedel verschwunden. Nun nahm ich mir Zeit, die Gegend mit dem Glas abzusuchen. Kein Gams weit und breit. Sicher waren sie bei dieser Hitze irgendwo in den Latschen niedergetan oder standen gedeckt in den Wänden. Mein Blick tastete sich den Hang hinauf zum Grat. Dort kreisten sieben Weißkopfgeier. Ein wundervolles Bild. Ob dieses Anblickes hätte ich fast aufs Weitergehen vergessen.

Nach halbstündigem Aufstieg stieß ich wieder auf Kaspar, der gemütlich mit einem Schafhirten „schatzte". – „Bist a schon da?" meinte er, als ich ankam. „Nocha kennan ma jo wieder weida." Sprach's, und war dahin.

Nach einer weiteren halben Stunde hatten wir endlich das Ziel erreicht. „So", meinte Kaspar, „hiatzt sitz ma uns am Hochsitz." Wo denn hier ein Hochsitz sei, wollte ich wissen. „Da drein in dera Feichtn", war die Antwort.

Ich kannte derartige Hochsitze im Gebirge und, vorsichtig geworden, ging ich vorerst um die Fichte herum. Es war gar nicht leicht, in der dritten Astreihe von oben das winzige Sitzbrett zu erkennen – den Hochsitz! Hoch war er, bei Gott, für meine Begriffe sogar zu hoch. Auf den weit auseinanderliegenden Ästen zum luftigen Ansitzbrett hinaufzuklettern, traute ich meinen lädierten Füßen denn doch nicht zu. Während Kaspar also allein in die Höhe turnte, machte ich es mir auf dem untersten Ast so gut es ging bequem.

Es war unerträglich schwül und die Fliegen zum Überdruß lästig. Als ich wieder nach den Weißkopfgeiern Ausschau hielt, bemerkte ich eine dunkle Wolke, die sich unheildrohend über den Bergrücken vor mir hervorschob. Mit Unbehagen dachte ich an meinen Wetterfleck in Michis Wagen. Während meine Gedanken um das bevorstehende Wetter kreisten, hatte sich plötzlich zweihundertfünfzig Schritt vor mir ein heller, brauner Fleck aus den Latschen gelöst. Es schien mir ein braver Gamsbock zu sein. Nun mußte Kaspar bald ein Zeichen geben, wenn er paßte. Doch über mir blieb es still. Also, dann eben nicht!

Äsend zog der Gams über die Blöße, und gerade, als der erste Donner über die Berge rollte, verschwand der Bock im gegenüberliegenden Waldschopf.

Bei den ersten schweren Tropfen wurde es ober mir plötzlich lebendig. Kaspar baumte ab. Ob er denn nicht den Bock gesehen habe, war meine erste Frage. „Oan Bock – jo – jo, freili!" kam es unglaubwürdig zurück. Ja, und ob er denn nicht schußbar gewesen sei? „Schußbar – schußbar –, jo so genau haun i eahm net ansprechen kinna", meinte Kaspar. Jetzt begriff ich. Während ich mir die Augen aus dem Kopf geschaut hatte, hatte Kaspar seelenruhig auf seinem Hochsitz geschlafen. Aber er tröstete mich. „Er wird scho wieder umeziachn. Nocha sprech ma'n an." Und der Gams zog wirklich!

Obwohl unaufhörlich die Blitze zur Erde niederzuckten und der Donner unheimlich über die Berge rollte, stand plötzlich, wie aus dem Erdboden gewachsen, der Bock wieder auf der Blöße.

„Schiaß", keuchte Kaspar, „aber trag eahm hübsch hoch oben am Ziemer an. Es is sakrisch weit."

Nun ging es schnell. Das Gewehr auf dem Rucksack aufgelegt, tastete sich das Fadenkreuz bis knapp unterhalb des Ziemers, dann brach der Schuß. Der Knall fiel mit einem gewaltigen Donner zusammen. „Gfeit hast eahm", sagte Kaspar trocken, „so a zwoa Zantimeter obern Bock is von oan Stoan da Rach aufgangen." Langsam zog der Bock in den Bestand.

Ich ärgerte mich. Da hatte ich einmal Gelegenheit, auf einen Gams zu jagen, und dann so etwas. Dabei wußte ich ganz genau, daß ich gut abgekommen war. Obwohl ich keine Erklärung dafür hatte, die Tatsache blieb: Der Bock war überschossen.

Mit der Feststellung: „Wirst halt gmuckt habn", war für Kaspar der Fall erledigt. Nicht so für mich. Doch das nützte wenig. Außerdem hatte ich nicht Zeit, über mein Mißgeschick lange nachzudenken, denn es wurde nun allmählich dunkel, und wie es den Anschein hatte, dachte der Wettergott noch lange nicht daran, es gut sein zu lassen.

„Es hilft nix", stellte Kaspar fest, „mir miaßn obe". Mein Vorschlag, im Schafstall zu übernachten, fand keine Gegenliebe. „Da heroben dafriern mir bei dem Sauwetter", argumentierte er. So machten wir uns auf den Weg. Kaum einige Meter von der schützenden Fichte entfernt, hatten wir beide keinen trockenen Faden mehr auf dem Leib.

Die aufkommende Finsternis ließ bald die Berge zu riesigen Schatten werden, und nur das grelle Aufzucken der Blitze erhellte für Bruchteile von Sekunden die Landschaft. Der lange, steile Abstieg verlangte mir alle Kräfte ab. Noch dazu schmerzten meine Füße bei jedem Schritt und machten meinen Tritt unsicher. Oft bewahrte mich nur der Bergstock vor dem „Abkugeln". Letzten Endes landeten wir aber doch heil im Tal, wo Michi bereits wartete. Auch ihm war kein Weidmannsheil beschieden gewesen. Nachdem wir trockene Kleidung angezogen hatten, saßen wir noch bis spät in die Nacht in der warmen Stube des Veitbauern bei zünftigem Speck und Vogelbeerschnaps und tauschten unsere Erlebnisse aus.

Als ich von meinem Mißgeschick erzählte, ging ein verstehendes Aufleuchten über Michis Gesicht. „Dös glaub i aufs Wort", sagte Michi, „de ganze Zeit hab i sinniert, daß i was toan hätt' solln, und hiatzt woaß i's. „S'Gwehr hätt i durchziagn solln. Da Vetter hat's nämli gestern erscht g'ölt!" Die Müdigkeit, die Riesenblasen an meinen Füßen und auch der Schnaps waren wohl schuld daran, daß ich darauf nur etwas von „Hat halt nicht sein wollen" sagte.

Ein Gutes hatte die Sache aber doch. Denn Michi versprach mir, daß ich zur Gamsbrunft wiederkommen dürfe. „Wannst im Winter oan Gamsbock schiaßt, nocha host an Bart no dazua. Aber dann ziagst da gscheitere Schuach an." Das würde ich sicher tun, denn Lehrgeld zahlt man nur einmal.

Drei Monate später schoß ich fast genau auf der Stelle meines Mißgeschicks einen braven Wintergams.

Drei Monate später...

Eine Seite meines „Jagdbüchls" schlage ich besonders gern auf. Es ist die Seite, auf der verzeichnet steht: *„Am 15. November den ersten Gamsbock erlegt."* Es war ein Erlebnis, das mir in der Erinnerung haften geblieben ist, wie kaum ein zweites.

Wie hatte Freund Michi gemeint? „Wannst im Winter auf oan Gamsbock kimmst, nocha host oan Bart a." Und noch etwas hatte er damals gesagt, was für mich „Flachländer" besonders bedeutungsvoll war: „Zur Brunft is bei uns im Gebirg meist scho da Schnee, und der druckt de Gams weit oba. Do brauch ma net so weit steigen." Diese Aussage veranlaßte mich, bereits ab Anfang November mit größtem Interesse die Wetterberichte des Landes Salzburg zu verfolgen, und als um den 11. November Schneefälle gemeldet wurden, wähnte ich „meinen" Gamsbock schon fast im Rucksack.

Am 14. November kam der lang erwartete Anruf: „De Gams sand scho sakrisch brunftig. Kimm glei morgen aufa!"

Der Rucksack war schon gepackt, und zeitig in der Früh ging es Richtung Salzburg. Michi erwartete mich bereits am Bahnhof, und von dort fuhren wir mit dem Auto weiter in die Rauris.

Die Sonne meinte es an diesem Tag besonders gut. Ja, es schien sogar, als wolle sie noch einmal all ihre Kräfte zusammennehmen, um die Hänge vom Schnee zu befreien. Und es hatte den Anschein, daß es ihr auch gelingen würde, denn die Berge waren bis hoch hinauf wieder aper. Der Gamsbock sollte also doch nicht so leicht zu verdienen sein. Und so war es dann auch.

Beim Revier angekommen, suchte der Jagdfreund sogleich von der Straße aus die Bergrücken mit dem Glas ab. Plötzlich bekam ich einen Stoß in die Rippen. „Da schau aufe," meinte er, „durt droben stangt dei Bock". Ich sah ihn dann auch auf einem Schneefleck unter der „Ploack" stehen. Meiner Schätzung nach würde ich bis dort hinauf mindestens einen halben Tag brauchen, falls ich überhaupt die steile „Bockleiten" hinaufkommen sollte. Dazu kam noch die Möglichkeit eines Beinbruches, bei dieser steilen, abschüssigen Berglehne, den ich mir auch nicht gerade wünschte.

So betrachtet, reifte in mir immer mehr der Wunsch, die Gamsjagd Gamsjagd sein zu lassen. Ich hatte bei dieser Überlegung allerdings nicht mit Michis Eigensinn gerechnet, der mich ausgerechnet auf diesen Gams zu Schuß bringen wollte. Ehe ich mir noch einen richtigen „Fluchtplan" zurechtlegen konnte, meinte er: „Den pack ma!"

Es war ein Frontalangriff auf meine Beinmuskeln. Mit wenigen Worten schilderte mir der Jagdfreund sein Vorhaben. „Siagst de Rinn' do oba?" Ich sah. „Also, mir fahrn hiatzt bis hintare zan Bauernhof und steigen von durt auf. Bis mir ban Kochhüttl oben sand, is da Bock a durt. Der is hiatzt eh mit seine Weiberleut beschäftigt."

Ob nicht vielleicht schon unterhalb des Kochhüttls Gams stünden, fragte ich hoffnungsvoll. „Nix do. Mir schaugn uns den Bock do oben an. Dös is a ganz a Braver!" Da war also nichts zu machen. Ergeben zog ich Michis Fährte nach und rang dem Berg Meter für Meter ab, bis ich mit einem Mal über dem Sonnblick dunkles Gewölk aufziehen sah. Heiliger Hubertus, der Schneesturm! Jetzt blies mir auch schon der auflebende Wind vereinzelt Schneeflocken ins Gesicht. Das war meine Rettung, so meinte ich, denn allmählich begannen meine Knie weich zu werden.

„Ein Schneesturm wird kommen. Wir sollten umdrehen", startete ich meine erste Attacke in Richtung meines Freundes. Doch der blieb gelassen. „Ah, dös tuat uns nix", meinte er, „wo mir do glei droben sand, drahn mir net um." Michi begann nun seinerseits, mir den Aufstieg interessant zu machen. „Mir steigen hiatzt amol bis durt vurn zu den Riedei", meinte er, „vielleicht steht dahinter a Böckl". Diesem Vorschlag war auch ich nicht abgeneigt. Natürlich stand kein „Böckl" hinterm „Riedei". Dafür wurde der Schneefall stärker, und der Wind pfiff mit kurzen Atempausen eisig über uns hinweg.

Inzwischen hatten wir die „Vogelreitermahd" erreicht. Von hier aus war es noch eine gute halbe Stunde bis zum Kochhüttl. Hatte

Auf den Bartgams – drei gestandene
Bergjäger aus dem Salzburgischen

ich mich nun schon soweit heraufgeschleppt, wegen dieser lächerlichen halben Stunde wollte ich nun natürlich auch nicht mehr auf meinen Bartgams verzichten. Also stieg ich weiter, und wir erreichten tatsächlich das Kochhüttl.

Der Anblick, der sich uns von dort aus bot, ließ mich alle Strapazen vergessen. Auf zweihundert Schritt ästen ein Dutzend Stück Scharwild, und wir standen kaum zehn Minuten, als auch der Bock schon von der „Ploack" herunter zum Scharwild zog.

„Richt di zum Schiaßn", flüsterte mir Michi zu. Durchs Glas beobachtete ich den Bock. „Bua, Krucken hat der scho ganz narrisch guate, und da Wachla is a net schlecht." Der Bock zog nun langsam dem Bestand zu und verschwand darin. „Der kimmt bald wieda außa", meinte Michi. „Hoffentlich heute noch", wagte ich zu entgegnen, denn es begann bereits zu dämmern. Der Wind hatte etwas nachgelassen, und auch zu schneien hatte es fast aufgehört. Plötzlich stand der Bock wieder da. „Schiaß", raunte mir Michi zu. Das hätte ich natürlich auch gerne getan, doch war der Gams verdeckt. Gleich einer Statue stand er hinter schützendem Astwerk und äugte zu den Gaisen.

Längst war die Büchse im Anschlag. Vom Tal herauf kroch unaufhaltsam die Dunkelheit, und fast unmerklich verschmolzen die Umrisse des Bockes mit dem Hintergrund. Bald würde ich den Schuß nicht mehr wagen können.

„Heiliger Hubertus, laß den Bock doch einen Schritt nach vorne tun", schickte ich ein Stoßgebet in Richtung des grauverhangenen Himmels. Und tatsächlich. Im letztmöglichen Augenblick tat der Bock den entscheidenden Schritt, und da hatte die Kugel auch schon den Lauf verlassen. Der Gams zeichnete – und blieb stehen! Michis „Weidmannsheil", verbunden mit einem kräftigen Schulterschlag, versetzte mich allmählich wieder in die Wirklichkeit zurück.

„Jetzt braucht er nur noch umzufallen", sagte ich und ließ den Bock keinen Augenblick aus den Augen. Der stand indessen noch immer wie eine Statue. Langsam wurde mir unheimlich. Michi beruhigte mich. „Dös is a Lähmung", meinte er, „dös haben's öfter, de Gams. Und hiatzt steig ma obe ins Tal. Dort übernachten ma ban Veitbauern, und morgen steig ma wieder aufa und klauben den Gams z'samm."

Das war leicht gesagt. Der Abstieg ins Tal gestaltete sich nicht nur äußerst schwierig, sondern war auch gefährlich. Der Boden war hart gefroren, und schon ein unsicherer Tritt konnte die „Abfahrt" zur Folge haben.

Der Wind hatte sich zwar gelegt, dafür aber begann es, immer stärker zu schneien. Ich weiß heute nicht mehr so genau, wie wir das Tal erreicht haben. Jedenfalls war ich derart erschöpft, daß mein Kreislauf nur mit etlichen Stamperln Vogelbeer wieder in Schwung zu bringen war. Langsam kehrten die Lebensgeister wieder zurück, und als ich mein Gamserlebnis genügend oft und bis ins kleinste Detail erzählt hatte, mahnte Michi zum Schlafengehen.

Viel zu früh rüttelte er mich wieder aus dem Schlaf. „Mir fahrn hiatzt hintere ins Tal bis zan Aufstieg. I fahr nocha wieda z'ruck, weil i an Jagdgast holen muaß, der a Goaßl schiaßn soll, und du steigst daweil schön langsam alloan auf, weil'st eh mit deine Füaß lab banaund bist. Mei Büchsn gib i da mit, und wenn a grechts Hirschl kimmt, nocha magst es schiaßn", unterbreitete mir Michi seine Vorstellungen.

Nun, wenn meine Gehwerkzeuge mitmachten, waren diese Vorstellungen gar nicht so übel. Ich wollte es jedenfalls versuchen. „Wannst a Weil gehst, nocha spürst koa Weh mehr", tröstete mich mein Freund. Und er hatte recht. Nach wenigen Schritten ging es schon ganz gut, viel besser als gedacht.

Als es hell genug geworden war, daß ich mit dem Glas Einzelheiten erkennen konnte, glaste ich jene Stelle ab, an der mein Gamsbock gestanden war. Sie war leer, und auch im Umkreis weit und breit kein Gams! Im Geist sah ich Michi und mich schon auf der Nachsuche. Ich hatte bereits dreiviertel des Weges hinter mich gebracht, als Michi mit seinem Jagdgast ankam.

Hirsch hatte ich wohl keinen in Anblick bekommen, dafür aber eine einschichtige Gamsgais, die ihr Alter hatte. Es gelang dem Gast auch tatsächlich, die Gais zu erlegen. Nachdem wir das Stück ordnungsgemäß versorgt hatten, sagte Michi: „Und hiatzt geh i um dein Bock".

In die stille Beschaulichkeit drang plötzlich von der Höhe ein Juchezer. Er hatte den Gamsbock gefunden. Mein erster Gams! Wer könnte das Glück solcher Stunden messen?

Erst Stunden später stiegen wir ins Tal ab.

Es hatte wieder zu schneien begonnen. Feierliche Stille lag über den Bergen, und nur das heisere „Klong, klong" der Kolkraben begleitete uns, als wir aus ihrem Reich fortgingen.

Der Gams vom Hahnenköpfl

Viele Eintragungen in meinem „Jagdbüchl" sind von Jagderlebnissen in meinem geliebten Salzburger Land geprägt, und hier sind es wieder die Gamsgeschichten, die eine ganz besondere Stellung einnehmen.

Jagdmöglichkeit habe ich seit Jahren bei meinem Freund Franz im wunderschönen Kleinarl. Auch den Gams vom Hahnenköpfl habe ich seiner Großzügigkeit zu verdanken, und diese Geschichte will ich hier erzählen.

Es war Sommer, und der Urlaub stand kurz vor der Tür. Seit Tagen lag drückende Hitze über der Stadt, und kein noch so winziges Wölkchen hinderte die Sonne, mein Büro bis zur Unerträglichkeit aufzuheizen.

Wir schrieben die letzte Juliwoche. Seit vielen Jahren war es mir zur lieben Gewohnheit geworden, meinen Urlaub im August zu nehmen, um bei Freund Franz auf Sommergams zu jagen.

Anfang August traf ich meist in meinem Urlaubsdomizil ein, und die ersten Worte der Zimmerwirtin nach der Begrüßung waren, wie jedes Jahr: „Da Franz hat schon a paarmal angruafn, und Se möchten glei zruckruafn!"

Das tat ich auch unverzüglich, obwohl – oder gerade weil – ich wußte, worum es ging. Nämlich um die erste Gamsbirsch. Diese wurde auch gleich für den nächsten Tag vereinbart. Das Wetter war schön, und die Vorfreude auf die kommenden drei Wochen ließ mein Stimmungsbarometer auf den Höchstpegel steigen.

Mit freudiger Ungeduld erwartete ich den nächsten Morgen. Franz hatte sein Jagdfahrzeug bereits mit allerlei Zeug beladen, das wir mit auf den Berg nehmen sollten, denn Frau und Tochter bewirtschafteten eine wunderschöne Almhütte am Steinkar. Die Steinkarhütte war auch Ziel und Ausgangspunkt unserer Gamsbirschen. Der halbstündige Anfahrtsweg war viel zu kurz, um alles zu besprechen. Vor allem interessierte mich, wie es um das Gamswild stand, denn dieses konnte man bereits seit einigen Jahren um diese Zeit nur mehr selten in Anblick bekommen. Ursache waren die vielen Touristen, die überall und zu jeder Tageszeit umherstreiften.

„Gams", meinte Franz, „sind schon da, aber alle drüber dem Berg, wo sie noch Ruhe haben".

Noch eine Kehre, dann mußte die Almhütte sichtbar werden. Die beiden Hüttenwirtinnen hatten unseren Wagen schon längst gehört und erwarteten uns. Eine kurze, herzliche Begrüßung, dann hatte ich das „Binokel" vor den Augen, um die Hänge nach Wild abzusuchen. Nichts, so weit ich auch schaute. Lediglich ein Adler kreiste um den Mooskopf. Sicher hatten es ihm die Mankei angetan, die um diese Zeit gerne in der prallen Sonne lagen.

Ein verführerischer Duft, den ein zarter Lufthauch von der Almhütte zu mir herübertrug, ließ mich bald das Fernglas mit der Gabel vertauschen. Es gab mein Leibgericht – Kaiserschmarren –, und niemand konnte diesen so gut zubereiten, wie die Gattin meines Freundes.

Mit dem Erzählen verging der Nachmittag wie im Flug, und als die Schatten länger wurden, drängte Franz zum Aufbruch.

Der Steig führte steil bergan, dem Reich der Gams zu. Die Almhütte lag nun schon als winziger Punkt tief unter uns. War da nicht am Gegenhang ein gelber Fleck gewesen? Ja, es war schon so. Dort, auf knapp zweihundert Schritt, war ein Gams niedergetan. Franz brauchte erst gar nicht lange anzusprechen. Er kannte das Stück.

„Des is a uralte Goas", meinte er. „Aber des nutzt uns nix, weil's um a zwoanzg Meter zweit rechts is." Der Graben bildete nämlich die Grenze. „Aber wart ma", schlug er vor, „vielleicht ziagt's umma. Den Einstand hätt's ja eh bei uns." Zwei Stunden harrten wir aus, bis die Gais endlich hoch wurde. Lange stand sie da, unschlüssig, wohin sie sich wenden sollte. Doch dann entschloß sie sich, im Nachbarrevier zu bleiben. Also Schluß der Jagd für heute.

Die Sonne war bereits untergegangen, nur die höchsten Berggipfel leuchteten noch matt in ihren letzten Strahlen.

„A Stückl birsch ma no vor", meinte Franz, „dann segn ma zum Mooskopf aufe. Vielleicht steht do a Gams". Gesagt, getan – und tatsächlich äste auf dem Grat vor dem Latschenfeld ein guter Gamsbock.

„Da oben miaßt ma hiatzt sein", bedauerte Franz. Unser ursprüngliches Ziel wäre ja tatsächlich der Mooskopf gewesen. „Versuchen wir's halt morgen", meinte er hoffnungsvoll, „vielleicht bleibt er oben. Der Bock hat nämlich sein Einstand drüber dem Köpfl. Herüben is er nur alle heiligen Zeiten." Zeitig am Morgen wollten wir wieder herauf.

Langsam stiegen wir durch den stillen, dunklen Hochwald ab. Jetzt erhellte das fahle Licht des Mondes den Steig. Tief unter uns ließ ein winziger Lichtpunkt die Almhütte erahnen. Linker Hand erhob sich über den Wipfeln der Bäume der dunkle Gebirgsstock der Ennskrax. Überall herrschte tiefe Stille, die nur hin und wieder von dem Gedröhn einer Verkehrsmaschine unterbrochen wurde, die sich ihr fernes Ziel durch die Finsternis suchte. Ganz dem Zauber des nächtlichen Bergwaldes hingegeben, nahmen Franz und ich die letzten Meter zur Hütte unter die Beine.

Nach einem gemütlichen Hüttenabend war Mitternacht nicht mehr fern, als wir unsere Schlafkammern aufsuchten. Das gleichmäßige Plätschern des Brunnens draußen ließ mich in Kürze in tiefen Schlaf fallen. Als um fünf Uhr früh der Wecker zum Aufstehen mahnte, waren Franz und ich bereits hellwach. Kurze Zeit später stiegen wir in der Frische des Morgens zum Mooskopf auf.

Als wir am „Böndl" ankamen, wurde es bereits ziemlich hell. Unser ganzes Interesse galt jetzt dem Moosköpfl, das wir Stück für Stück abglasten. Doch von unserem Gamsbock war weit und breit nichts zu sehen. In der mondhellen Nacht hatte er sicher wieder seinen Einstand „drüber dem Köpfl" bezogen. Weit in der Ferne, gegen die Reviergrenze zu, ästen vertraut zwei junge Gamsböcke.

Mit dem Höhersteigen der Sonne wurde auch das Rehwild rege. In dieser Höhe war die Rehbrunft noch in vollem Gange. Hier zog auch der uralte Bock seine Fährte, den ich im Vorjahr unverhofft auf zwanzig Schritt vor mir gehabt hatte.

Durch den schütteren Lärchenwald unter uns zog jetzt ziemlich zügig ein Stück Rehwild bergwärts. Ein mittlerer Bock. „Der hat's aber eilig, daß er zu sein' Goaßl kimmt", hörte ich Franz murmeln. Das „Goaßl" stand ziemlich hoch oben, und bald verschwanden die beiden in den Latschen. Auch die Gamsböcke waren inzwischen eingezogen. Die Sonne stand schon voll am Himmel, und vom Tal herauf hörten wir die ersten „Begeisterungsrufe" der Erholungsuchenden.

„Hiatzt is Zeit, daß mir verschwinden", stellte Franz leidenschaftslos fest. „Am Abend kemma wieder."

Der Gedanke an den dampfenden Kaffee, die dottergelbe Almbutter und das kernige Hausbrot ließen uns die Schritte beschleunigen, und noch bevor die Sonnenstrahlen die tief gelegene Almhütte erreichten, saßen wir beim Frühstück. Der nächste Höhepunkt des Tages waren die frisch gebratenen Forellen zu Mittag. Bei einem anschließenden Glas „Roten" ergingen wir uns im Pläneschmieden.

Mein Freund war der Meinung, daß der gute Gamsbock am Mooskopf abends sicher nicht austrat. Er kannte den alten Schlaumeier und meinte, daß wir uns getrennt ansetzen sollten. Er wollte auf den Hochsitz im Hintertal, wo wir am Morgen die beiden jungen Gamsböcke beobachtet hatten. Ich aber sollte auf das Bodensitzl beim „Hahnenköpfl". Dort habe er vor einiger Zeit einen guten, passenden Gamsbock gesehen, der allerdings spät käme. Nun, mir sollte es recht sein.

Bereits am frühen Nachmittag stiegen wir wieder auf, und ich bezog besagten Bodensitz. Von hier hatte ich eine wunderbare Fernsicht und konnte auch zum Hochsitz hinübersehen, auf dem Franz saß. Mein Freund wollte mir nämlich ein Zeichen geben, würde er einen jagdbaren Gams in Anblick bekommen.

Der Steilabhang des „Hahnenköpfls" zu meiner Rechten war dicht mit Heidelbeersträuchern bewachsen. Unter meinem Sitz zog sich eine zaunumfriedete Viehweide bis hinüber zum Hochsitz meines Freundes. Der Zaun endete zweihundert Schritt unter mir am Fuße eines riesigen Felsblocks. Zu meiner Linken befand sich ein freundlicher, lichter Lärchenwald.

Ich saß noch nicht lange, da sah ich unter dem Hochsitz meines Freundes den Rehbock von heute morgen treiben. Ich war so ins Beobachten versunken, daß ich richtiggehend erschrak, als burrend eine Birkhenne über mich hinwegstrich und sich vor mir auf einer Lärche einschwang. Nach einer Weile des Sicherns begann sie zu nadeln. Sternstunden des Jägers!

Vereinzelt trat Rehwild aus. Ein starker Rehbock wurde in den Latschen oberhalb von Franz sichtbar. War es der „Alte vom Mooskopf"? Ich konnte es auf diese Entfernung nicht sagen. Doch, so schnell der Bock aufgetaucht war, so schnell war er auch wieder in den Latschen verschwunden. Gams zeigte sich keiner.

Zu meiner Rechten, vom „Blauen See" herunter, hörte ich verschwommen Kuhglockengeläut. Hoffentlich kommen die Kühe nicht zu mir herunter, schoß es mir durch den Kopf. Doch allmählich verebbte das Geläute wieder – Gott sei Dank. Unter mir auf der Viehweide zogen jetzt eine Rehgeiß und zwei Kitze aus. Eine Weile ästen sie den Zaun entlang, dann verschwanden sie im Lärchenwald. Ein Blick zu meinem Freund – aber auch dort war nichts zu sehen. Plötzlich stand, wie hingezaubert, ein Tier in den Latschen. Ein herrlicher Anblick, wie sich das Wild in der Dämmerung scharf gegen den Horizont abhob.

Es wurde nun schon stark dämmrig, und ich überlegte gerade, wie lange ich noch sitzen sollte, als vom Sattel des „Hahnenköpfls" hochflüchtig ein Gams herunterkam. Ein hochkapitaler Bock. Doch er dachte nicht daran, ein Haberl zu machen. In mächtigen Fluchten ging es hinunter bis knapp vor den Weidezaun. Dort kam er zum Stehen und sicherte zurück. Irgend etwas mußte ihn dort aufgeschreckt haben. Der Gams würde auch vom Alter her passen. Schnell war das Glas mit der Büchse vertauscht. Jetzt machte der Bock einige Fluchten dem Felsblock zu, ein Haberl – und der Schuß war draußen.

Der Bock zeichnete und flüchtete auf den Felsen hinauf. Dort oben stand er nun breit, wie eine Statue in Erz gegossen. Wenn er im Fallen in den steinigen Steilhang kollerte, dann würde es eine schwierige Bergung geben. Außerdem wurde es bald Nacht…

Da erinnerte ich mich, daß das Wild meist auf jene Seite fällt, von der es die Kugel erhält – und schon war die zweite Kugel aus dem Lauf. Tatsächlich, der Bock stürzte auf die leichter zugängliche Seite. Mir fiel ein Stein vom Herzen.

Nun brauchte ich nur noch auf Franz zu warten. Der kam auch bald, ganz außer Atem. Seine ersten Worte waren: „Auf was hast denn g'schossn? I hab nix gsegn."

Kurz schilderte ich den Hergang, dann machten wir uns auf, um den Gams zu bergen. Mühevoll bahnten wir uns im spärlichen Schein der Taschenlampe den Weg durch die kniehohen Heidelbeerstauden, und abwechselnd „steckte" es entweder mich oder Franz in ein Loch. Endlich standen wir vor dem Gams. Das herzlich entbotene „Weidmannsheil" meines Freundes freute mich besonders.

Die rote Arbeit, die sich bei der dürftigen Lichtquelle schwierig gestaltete, trug meinem Zeigefinger eine gehörige Schnittwunde ein. Doch Ende gut, alles gut. Schwer bepackt stiegen wir zur Hütte ab, wo uns die „Damenriege" freudig erwartete. Es wurde wieder ein langer Hüttenabend, viel länger noch, als der gestrige, und der Morgen war nicht mehr weit, als ich müde, aber glücklich meine Schlafstatt aufsuchte.

Das Jagderlebnis klang noch nach, als ich von meinem Bett aus den Sternenhimmel betrachtete. War es Fügung oder Zufall, daß es gerade Orion, der große Himmelsjäger, gewesen ist, den ich von hier aus sah?

Lichtjahre entfernt, er, der große Jäger, der am Himmel in Ewigkeit den Plejaden nachjagt, und hier auf der Erde ich, in meinem kleinen Reich, in dem ich für kurze Zeit jagen durfte.

Doch ich war glücklich und hätte sicher nie die Plejaden gegen meinen Gams vom „Hahnenköpfl" eingetauscht.

Ein Hirsch im Spätherbst

Herbst! Allmählich beginnen sich die Schwalben zu sammeln. Auf den abgeernteten Getreidefeldern picken die Ringeltauben die noch übriggebliebenen Körner auf, um sich vor dem langen Flug nach dem Süden Kräfte zu holen. Vorerst ist die Wärme der Sonne noch zu spüren. Doch eines Tages trägt einem ein kühler Windhauch plötzlich ein gelbes Blatt vor die Füße. Nun werden die Wälder bald erfüllt sein vom Orgeln der Hirsche.

Für mich war das Weidwerken auf den Hirsch zunächst ein vergebliches Unterfangen. Aber eines Tages konnte ich in meinem „Jagdbüchl" dann doch einschreiben: *„Am 26. Oktober den ersten Hirsch am Hochbrand erlegt."* Begonnen hat diese Geschichte aber schon vier Jahre früher…

Die Hirschbrunft war einige Wochen vorüber, als mir mein Freund Ernst mitteilte, daß es ihm gelungen sei, für ihn und auch für mich in seinem Heimatort in der Steiermark eine Einladung zur Kahlwildjagd zu bekommen. Als Jungjäger mit noch nicht allzuvielen Jagdgelegenheiten war ich darüber hocherfreut. Schon am darauffolgenden Freitag nach Büroschluß holte mich mein Jagdfreund mit seinem fahrbaren Untersatz ab. Es war zwar ein Miniaturwagen, aber nachdem wir unsere Gewehre und Rucksäcke irgendwie verstaut hatten, blieb sogar noch für uns beide Platz. Bequem war es nicht, aber immerhin, wir brausten, vor allem bei leichtem Gefälle, mit achtzig Sachen dem Semmering entgegen.

War es bei unserer Abfahrt aus Wien naßkalt und regnerisch gewesen, so schneite es am Semmering bereits derart stark, daß wir kaum zwanzig Meter weit sahen. Dementsprechend lange dauerte es, bis wir das Forsthaus erreichten, wo uns Ernsts Eltern bereits besorgt erwarteten. In der urgemütlichen Jagdstube wurden bei einem „Jagatee" die Chancen für die kommende Jagd erörtert.

Ernsts Vater, ein pensionierter Oberförster, prophezeite für den nächsten Tag schönes Wetter, und so schlüpften wir weit nach Mitternacht voller Vorfreude in unsere Betten.

Viel zu kurz war die Nacht, und ziemlich verschlafen krochen wir aus den Federn. Es hatte tatsächlich zu schneien aufgehört. Aber nicht lange. Bereits auf der Fahrt zur „Sonnleiten" tanzte erneut dichter Flockenwirbel.

Im Bauernhaus unseres Jagdherrn brannte Licht. Wir wurden erwartet. „Habt's enk bei den Sauwetter do zu mir aufatraut", meinte Max, der Jagdherr, anerkennend, und mit einem mißtrauischen Blick auf unser Fahrzeug: „Also nocha steigt's um in mein Jeep. Mir fahrn z'erst ins Ramlach eini. Vielleicht, daß ma durt a Stuck kriagen."

Der Geländewagen von Max war ein Wunderfahrzeug, denn es war ein Wunder, daß er fuhr. Im Blech unzählige Beulen, die Türen mit Draht angehängt, und wenn es steil bergab ging, hatte ich nicht immer das Gefühl, daß auf die Bremsen unbedingt Verlaß war. So fuhren wir gottergeben durch die Dunkelheit. Der Wind pfiff uns eisig ums Gesicht, und auch das Schneetreiben wurde von Minute zu Minute stärker.

Ganz langsam zog der Tag auf, und noch immer fraß sich unser Gefährt durch wäßrige Schneemassen. Endlich stellte Max den Motor ab. „So", meinte er zu mir gewendet, „drüberm Bachl is a Sitzl und durt bleibst. I geh mit'n Ernstl drucken. Geschossen wird Tier, Kalb, und wann a passends Hirschl kimmt, kannst es a nehma." Sprach's und stapfte mit einem „Guten Anblick" mit Ernst ins weiße Nichts.

„A passends Hirschl", hatte er gesagt. Diese Worte klangen verheißungsvoll in meinen Ohren nach und hielten mich für einige Zeit warm. Doch allmählich kroch die Kälte an den Beinen hoch. Ich bohrte meinen Blick unentwegt in das Nebelgebräu und das Flockengewirr vor mir, um vielleicht doch den dunklen Körper eines Stückes Hochwild zu erspähen. Vergebens.

Nach eineinhalb Stunden kamen Max und Ernst zurück, verschwitzt und müde. „Bei dem Wetta geht uns nix auße", philosophierte Max. In luftiger Fahrt ging es wieder heimwärts. In der warmen Stube tauten wir allmählich auf, und nach einigen Tassen Tee zog es uns schon wieder hinaus ins Revier. Abermals: kein

Vor dem Antreiben –
Max, ein selbstbewußter
steirischer Jagdherr

Anblick. „Nach dem Essen fahren wir ins Hochbrand aufe", sagte Max, „durt wird scho was gehn."

Um die Mittagszeit wurde es dann etwas heller, und als wir zu unserem Reviergang aufbrachen, schien sogar schon ein bißchen die Sonne. Max nahm diesmal auch sein „Hündl" mit, den Langhaardackel Rex. Die Fahrt auf das Hochbrand war kurz und verlief dank der wärmenden Sonnenstrahlen auch recht angenehm.

„So", sagte unser jagdlicher Gönner vor einer Wegbiegung, „du sitzt di durt zu der Feichtn zuawe. Von durt hast an guaten Ausblick. Schiaßn kannst Tier, Kalb und an Fuchs, wann da ana kimmt. In Ernstl sitz i übern Riedl an, und i druck mit'n Hündl durch. Also, guaten Anblick!"

Eine Weile hörte ich noch das sich langsam entfernende Rattern des Jeep, dann war es still. Tief unter mir lag das breite, langgestreckte Tal, durch das sich jetzt milchigweißer Nebel wand. Rundherum gleißten die schneebedeckten Berggipfel in der spätherbstlichen Sonne, und keine zwanzig Schritt unterhalb meines Sitzes lag der schmale Forstweg, auf dem wir gekommen waren. Zu meiner Linken erstreckte sich der Hochwald bis weit ins Tal hinab, und vor mir lag ein fünfzig Meter breiter Schlag, der in eine Dickung überging. Es mochten dreißig Minuten vergangen sein, als ich im Hochwald ein Brechen hörte. Das konnte Hochwild sein! Behutsam machte ich die Büchse fertig.

Eine Weile war es still, dann trat vorsichtig ein Hirsch aus. Langsam zog er auf den Schlag und äste auf kaum dreißig Schritt an einem Himbeerstrauch. Der würde passen! Sechser, lange Enden und eine geringe Auslage. Doch diesmal hatte Max keinen Hirsch freigegeben. „Schiaßn kannst a Tier, a Kalb und an Fuchs, wann da ana kimmt", hatte er gesagt.

Gute zehn Minuten stand der Hirsch vor mir, als wüßte er, daß ihm heute nichts passierte. Dann setzte er mit einem eleganten Sprung über die Straße und zog, keine zehn Schritte entfernt, bergauf ins Holz. Ich glaubte zu träumen, und erst, als nach geraumer Zeit Dackel Rex mit tiefer Nase auf der warmen Fährte erschien, wußte ich, daß es Wirklichkeit gewesen war. Dicht hinter

Rex kam auch der Jagdherr. „Hast nix gsegn?" war seine erste Frage. Ich erzählte von meiner Begegnung mit dem Hirsch.

„Ja, warum hast denn net gschossn?" fragte Max, ehrlich bestürzt. „Dem alten Hirsch rennen mir schon lang nach." Als ich ihm entgegnete, daß er mir ja keinen Hirsch freigegeben habe, meinte er: „Also alle Achtung! Es wird net viel von meine Jagdgäst gebn, de net gschossn hätten. Daß 's so was no gibt. Des is anständig." Vielleicht war das ausschlaggebend dafür, daß mich Max für das kommende Jahr auf einen Hirsch einlud. In diesem Jahr war mir kein Weidmannsheil mehr auf Hochwild beschieden. Auch in den folgenden Jahren nicht. Erst vier Jahre nach meiner ersten Begegnung mit dem Hirsch vom Hochbrand sollte es klappen.

An einem 26. Oktober fuhr ich wieder in die Steiermark. Die Tage vorher hatte es ziemlich stark geschneit, doch bei meiner Ankunft schien die Sonne. Knapp nach Mittag traf ich bei Max ein und sah schon von weitem ein paar Jäger vor dem Haus beisammenstehen. Die Begrüßung war laut und herzlich. Max lud mich sofort ein, mitzugehen. „Mir machen heut an kloan Hirschriegler", erklärte er mir. „Wannst willst, setz i di wieder auf dei Platzl aufs Hochbrand."

Natürlich wollte ich. Schnell nahm ich Gewehr und Rucksack, stieg in den jetzt schon sehr klapprigen Jeep, und wir fuhren los, geschlichtet wie die Sardinen. Sogar auf den beiden Kotflügeln und auf dem Kühler saßen die Jäger. Ein Glück, daß das Auge des Gesetzes nicht bis hierher reichte.

Nach und nach leerte sich der Jeep, und schließlich war auch ich an der Reihe. Max rief mir noch „Guten Anblick" zu, und dann war ich allein auf meinem Ansitzplatz. Um halb drei Uhr sollte der Trieb beginnen, und jetzt war es erst etwas nach halb zwei. Meine Büchse lehnte neben mir am Baum, und ich hatte mich so bequem wie möglich eingerichtet. Einmal flüchtete Rehwild über den Schlag. Sicher waren die Treiber schon recht nahe.

Es war bereits nach drei Uhr, und noch immer war kein Schuß gefallen. „Wird wahrscheinlich oben stehen, das Hochwild", dachte ich. „Sicher wird es wieder warm…"

Da fiel plötzlich beim linken Nachbarn ein Schuß. Gut möglich, daß auf den Schuß hin das Hochwild auf meine Seite wechselte. Weich, auf den Handschuhen, lag nun die Büchse vor mir in einer Astgabel. Etwa fünf Minuten blieb es still, dann schnürte ein Fuchs pfeilgerade aus dem Hochwald auf den Schlag heraus. Wenn er die Breitseite zeigt, dann…

Aber Rotrock machte unversehens kehrt und verschwand blitzschnell wieder im schützenden Wald. Was war da los? Wind konnte er nicht gehabt haben, und eräugt hatte er mich sicher auch nicht. Abermals eine Bewegung. Diesmal war es ein massiger Körper, der auf mich zukam – ein Hirsch! Und was für einer! Sechser, stark im Wildbret, kurze Läufe – der paßte!

Schon hatte ich das Wild im Zielfernrohr. Als der Hirsch nach links schwenkte, zeigte er mir die Breitseite. Die Kugel quittierte er mit einer Riesenflucht steil in die Höhe. Als er hinter einer Jungfichte wieder hervorkam, ließ ihn der zweite Schuß auf den Träger zusammenbrechen.

Jetzt war es wieder still um mich. Doch nicht lange. Die anderen Schützen kamen herbei. Ein herzliches „Weidmannsheil" allseits, und dann ging es ans Hirschziehen. Mit vereinten Kräften brachten wir den 120 Kilo schweren Hirsch zum Fahrweg.

Auf dem Heimweg berichtete ich voller Freude, daß dies mein erster Hirsch sei – was sehr unvorsichtig war, wie ich bald merken sollte. Denn sofort war man sich einig, daß ich nun zum hirschgerechten Jäger geschlagen werden müsse. Mit Bangen sah ich dem Dienstantritt zu Wochenbeginn entgegen. Als dann einer in der Runde gar noch das alte Volkslied: „Ja, in der Steiermark, da sand d'Leut groß und stark" anstimmte, rechnete ich mit einem mindestens vierzehntägigen Krankenstand.

Doch St. Hubertus war mir gnädig, und der Jägerschlag fiel milder aus, als ich befürchtet hatte…

Der doppelte Hirsch

Eine nicht gerade alltägliche Geschichte erlebte ich auf den „Doppelten", wie ich ihn in meinem „Jagdbüchl" genannt habe.

Begonnen hat es mit dem „Doppelten" eigentlich ganz einfach. Ein gemeinsamer Bekannter hatte meinen Freund Alfred und mich auf einen schwächeren Hirsch ins Montafon eingeladen.

Die Hirschbrunft war schon lange zu Ende, als Alfred und ich eines Nachmittags dort eintrafen. Die Sonne tauchte bereits hinter der schneebedeckten Zimba, einem wuchtigen Bergmassiv auf der gegenüberliegenden Talseite, unter, als wir am Bartholomäberg Quartier bezogen. Müde von der Reise, gingen wir zeitig zu Bett.

Heftiges Klopfen an der Haustüre weckte mich unsanft am nächsten Morgen. Josef, der Aufsichtsjäger, war es, der mit mir das Birschprogramm besprechen wollte. Bereits am späten Nachmittag sollte ausgelotet werden, ob mir St. Hubertus gewogen war.

Ein steiler Aufstieg, dann waren wir am frühen Abend bei unserem Ansitzplatz am Rande einer weiträumigen Hochwiese. Wir waren kaum eine halbe Stunde gesessen, als ums Dunkelwerden aus dem Altbestand Tier, Schmaltier und dahinter ein Hirsch austraten. An der Statur erkannte ich sofort, daß der Hirsch zu gut war. Es war ein Zwölfer und, wie mir Josef zuflüsterte, vom Alter her ein „Einser". Lange sahen wir dem friedlich äsenden Wild zu, bis es die Dunkelheit ganz in ihren Schutz nahm.

Hochzufrieden über den guten Anblick traten wir den Heimweg an, um am frühen Morgen erneut auszurücken. Diesmal ging es hoch hinauf, zu einem überdachten Hochstand.

Hier heroben lag schon Schnee, der durch die Kälte – es hatte minus zehn Grad – hart gefroren war. Bei jedem noch so vorsichtig gesetzten Tritt knirschte der Schnee laut hörbar. Vom Hochstand aus hatte man eine wunderschöne Fernsicht auf die Montafoner Berge, die im grauenden Morgen mit ihren schneebedeckten Spitzen wie schlafende, mit mächtigen Zipfelmützen bedeckte Riesen aussahen.

Ein Stoß in die Seite, der von Josef kam, ließ mich in die Wirklichkeit zurückkehren. Keine achtzig Schritt von uns entfernt schnürte ein Fuchs über den Almboden, alles gewissenhaft nach Freßbarem absuchend. Diesmal hatte der Rotrock Glück, denn unser Trachten galt heute nicht ihm. Von Rotwild war allerdings weit und breit nichts zu sehen. Als sich die ersten Sonnenstrahlen vorsichtig hinter den Bergen hervortasteten, baumten wir ab.

Die Abendbirsch hingegen fing vielversprechend an. Bereits auf der Fahrt zu unserem Ziel, einem Hochstand auf einer ruhig gelegenen Almwiese, sahen wir Tier und Kalb im Bestand. Beide nahmen keine Notiz von uns, da sie an Motorenlärm durch die Heubringung und die Fütterung gewöhnt waren. Die erste unangenehme Überraschung erlebten wir erst, als wir auf der Birsch zu unserem Hochstand schon von weitem lautes Hämmern hörten. Die Ursache war bald geklärt: Ein Bauer wollte noch, bevor es endgültig Winter wurde, das Dach seines Futterstadels ausbessern. Ein paar freundschaftliche Worte zwischen meinem Birschführer und dem Stadelbesitzer ließen letzteren vorzeitig seine Arbeit beenden. Nun standen unsere Chancen wohl nicht so schlecht, dachten wir, aber der Abend blieb trotzdem anblicklos.

Am nächsten Morgen wollten wir bis zur Latschengrenze hinauffahren und beobachten, wo sich das Hochwild einstellte. Zu Schuß, so meinte Josef, würden wir wohl nicht kommen, aber man konnte sich für abends einrichten.

Langsam tasteten sich die Scheinwerfer unseres berggängigen Wagens durch den im allerersten Frühlicht daliegenden Hochwald, bis wir uns fast übergangslos in der Latschenregion befanden. Wir hielten an einem Platz, von dem wir einen guten Rundblick hatten.

Es hatte unter minus zehn Grad, weshalb Josef vorschlug, vom Wagen aus zu beobachten. Heißer Tee, den er mitgebracht hatte, wärmte angenehm, und beim Anblick der riesigen Bergmassive vor uns wanderten meine Gedanken weit weg…

Ich mußte wohl ein wenig eingenickt sein, als mich ein sanfter Stoß Josefs in die Wirklichkeit zurückbrachte. „Links unten beim Latschenschöpfli stod a Hirsch", flüsterte er mir in seiner Landessprache zu. „Es ischt ein Abschußhirsch. Den kannst schießen. Aber mach die Autotür vorsichtig auf, damit er uns nit wahrnimmt."

Als ich die Wagentür leise geöffnet hatte, fuhr mir die eisige Kälte derart in die Glieder, daß es mich schüttelte. Das konnte ja gut werden! Doch viel Zeit zum Nachdenken hatte ich nicht. Josef bedeutete mir, mich zu beeilen. Eine Auflage für das Gewehr wurde gesucht, dabei meinte er: „Der Hirsch muß uns bemerkt haben, denn i seh ihn nit mehr. Aber er muß auf dem schmalen Wiesenstreifen unterhalb der Baumgruppe kommen. Die rechte Stange isch ganz hell."

Am ganzen Körper vor Kälte zitternd, suchte ich durchs Zielfernrohr den Wiesenstreifen ab. Doch was nicht kam, war der Hirsch. Also setzte ich wieder ab und suchte mit freiem Auge. Da entdeckte ich den Hirsch viel weiter oberhalb, als von Josef angesagt, neben einer Fichte. Er äugte zu uns herauf und zeigte dabei die linke Körperseite. Die helle Geweihstange konnte ich somit nicht sehen. Ich machte Josef auf meine Entdeckung aufmerksam, doch der zischte nur: „Schieß!"

So gut es ging, versuchte ich, meine vor Kälte zitternden Hände in die Gewalt zu bekommen. Als der Schuß brach, hatte ich das Gefühl, etwas tief abgekommen zu sein. Der Hirsch zeichnete und verschwand im Bestand. „Haben tuat's ihn", meinte Josef, „aber wo?"

Eine gute Stunde warteten wir, dann sagte Josef: „I go jetzt runter zum Anschuß und luag, was los ischt. Und wenn i dir a Zeichen gib, dann fahrscht mitn Wagen die Forschtstraße nunter bis zur Biegung, und dort wartescht!"

Also wartete ich. Josef kam nur langsam vorwärts, denn der Abstieg war steil und eisig. Beim Anschuß bückte er sich und hob etwas auf. Ich hatte dabei, ehrlich gesagt, kein gutes Gefühl. Ein Stück birschte Josef noch in den Bestand hinein, dann kam er zurück und winkte mir. Als ich bei ihm war, zeigte er mir seinen Fund – eine Handvoll Knochensplitter. „Der Hirsch hat einen Laufschuß" stellte er lakonisch fest, „jetzt brauchen wir einen Hund!"

Nun, letzteres war mir klar, der Laufschuß aber nicht. Als ich den Schuß abgegeben hatte, war ich doch gut drauf gewesen. Sollte vielleicht das Gewehr...? Nun hieß es in jedem Falle einmal abwarten.

Im Dorf wurden alle zur Verfügung stehenden Jäger zusammengetrommelt, zum Abstellen. Zur vereinbarten Zeit traf der Hundeführer ein. Beide, er und sein Hund, machten einen sehr guten Eindruck. Nach kurzer Schilderung des Sachverhaltes hatte der Mann gute Hoffnung, den Hirsch zustandezubringen.

Nach kurzer Lagebesprechung ging es wieder bergwärts. Ein einheimischer Jäger, der uns anstellte, schärfte noch jedem von uns ein, nur ja erst zu schießen, wenn ein Kugelfang vorhanden sei, da dicht hinter dem kranken Hirsch Hund und Hundeführer kommen konnten. Ich wurde an jenen Platz gestellt, wo aller Wahrscheinlichkeit der Hirsch herauswechseln mußte. Ein leiser Bergwind ließ allerdings die Chancen gering erscheinen.

Die Vorstehjäger waren nun alle auf ihren Plätzen, und dann dauerte es nicht lange, bis ich es im Bestand vor mir brechen hörte. Jede Faser in mir war aufs äußerste gespannt.

Da tauchte auch schon vorsichtig ein Hirschhaupt aus dem Astgewirr der Fichtendickung auf. Die rechte Stange war ganz hell. Ein wenig wollte ich das Stück noch kommen lassen – wegen des Kugelfanges. Da warf der Hirsch auf und verschwand wieder im Unterholz. Einwandfrei hatte er von mir Wind.

Alles weitere ging dann schnell. Der Hirsch wechselte über eine Blöße. Ich sah die helle rechte Stange, einzig das Wild schien mir gesund. Wenn der Hirsch einen Laufschuß hatte, dann mußte er doch...

Weiter kam ich nicht mit dem Denken, denn in diesem Augenblick fiel bei meinem Nachbarn ein Schuß. Der Hirsch zeichnete und brach bergwärts weg.

Nun wurde es plötzlich rundherum lebendig. Die auf der rechten Seite von mir angestellten Jäger gingen dem beschossenen Hirsch nach. Jetzt nahm auch der Hund die Fährte auf. Kurz darauf Standlaut. Der Hirsch lag also. Ich entlud, blieb aber auf meinem Stand, da der „Ansteller" ausdrücklich gesagt hatte, den Platz nicht zu verlassen.

Es mochten zwanzig Minuten vergangen sein, als die Jäger abermals ihre Stände bezogen. Auch Josef und der Hundeführer strebten wieder bergauf. Ich wurde nicht klug aus dem Ablauf der Dinge, lud aber vorsichtshalber wieder.

Diesmal dauerte es kaum zehn Minuten, bis bei meinem rechten Nachbarn abermals ein Schuß fiel. Kurz darauf fiel ein zweiter und noch ein dritter. In der darauffolgenden Stille hörte ich plötzlich den Ruf: „Jagd vorbei – Hirsch liegt!"

Auf der Wiese, knapp vor dem Unterholz, war der Hirsch gestreckt. Natürlich sah ich sofort nach, wo mein Schuß von in der Früh saß.

Die Kugel war etwas tief in die Kammer eingedrungen, und da der Schuß steil nach unten abgegeben worden war, hatte das Geschoß beim Austreten aus dem Körper den rechten Vorderlauf, gleich unterhalb des Gelenkes, zertrümmert.

Warum er denn gleich dreimal geschossen habe, fragte ich nun meinen Nachbarn. „Ich war so überrascht, wie der Hirsch kommen ist, daß ich ihn zweimal gefehlt habe", meinte dieser, noch immer ganz aufgeregt.

Jetzt erst betrachtete ich die Trophäe meines Hirsches näher. Aber der hatte ja gar keine helle Stange auf der rechten Seite! Es war ein ungerader Achter, und beide Stangen waren dunkel.

Des Rätsels Lösung war bald gefunden. Mein Birschführer Josef hatte den Hirsch mit der hellen rechten Stange gesehen. Es waren aber zwei Hirsche beisammen gewesen. Während ich aus dem Auto gestiegen war, hatte sich der „Helle" verdrückt und der „Dunkle", der etwas höher stand, wurde erlegt. Ich hatte also den „Doppelten" geschossen.

Doch es waren beide Hirsche „Dreier", und jener Jäger, der auf den gesunden „Hellen" als den vermeintlichen kranken Hirsch geschossen hatte, war vom Jagdherrn sowieso auf einen „Dreier" eingeladen gewesen. Somit hatte sich letztlich alles zu bester Ordnung gefügt.

Nur ich dachte mit ungutem Gefühl daran, was ich wohl dem Jagdherrn gesagt hätte, hätte ich dem gesunden „Hellen" den vermeintlichen Fangschuß gegeben. Ob er mir eine derart abenteuerliche Geschichte geglaubt hätte?

Gänse! Gänse!

So gern ich im Gebirge jage – der herbstlichen Jagd auf Enten und Gänse bin ich genauso verfallen, und manche Eintragung in meinem „Jagdbüchl" zeugt vom Weidwerk auf Wasserwild. Vor allem die Stimmung ist es, die diese Jagd so reizvoll macht.

Über dem burgenländischen Seewinkel liegt noch der Dunstschleier der langsam weichenden Nacht. Mit jedem Atemzug spüre ich den brackigen Geruch der umliegenden Lacken und Gewässer. Noch liegt tiefe Stille über dem Land. Nur ein aufkommender heller Streifen im Osten kündet vom Nahen des Morgens. Herbst! Symbol des Ausruhens der Natur, des Kraftholens fürs nächste Jahr! Ich liebe die Stimmung dieser Jahreszeit. Noch merkt man nichts von dem mannigfaltigen Leben, das in den Lacken und Gerinnen, im Schilfgürtel und in den inselartig eingelagerten Akazienwäldern wohnt. Und doch sind es wahre Paradiese für jegliches Getier.

Da gibt es Nistgelegenheiten für die Graugans, für viele Entenarten, für Bläßhühner, Rohrdommeln, Reiher und Rallen. Aber auch der Fasan, das Rebhuhn, der Hase, das Reh, das Wildschwein und das Rotwild sind hier zu Hause.

Sanft streicht der Morgenwind über den Schilfwald und erzeugt eine eigene, singende Melodie im Röhricht.

Das erinnert an die Sage um König Midas, dem Herrscher über die Phrygier, zu dem einst Apoll, der Gott der schönen Künste, kam und ihn bat, zu entscheiden, wer besser musiziere – er, der göttliche Apoll, Sohn des Zeus und der Leto, Bruder der Artemis, oder der große Pan, ziegenzottiger Hirtengott mit der geheimnisvollen Flöte aus Schilfrohr.

Mit der Schilfrohrflöte hatte es ja eine eigene Bewandtnis. Diese verdankte ihre Entstehung nämlich dem Umstand, daß Pan unsterblich in die Nymphe Syrinx verliebt war, von ihr jedoch nicht erhört wurde, weil sie von dem struppigen Wald- und Wiesengott nichts wissen wollte. Um ihren Verehrer loszuwerden, verwandelte sich die Nymphe in Schilfrohr, und dem Hirtengott verblieb nur ihre liebliche Stimme, die im Röhricht weiter flüsterte. Pan brach daraufhin ein paar Halme und fertigte daraus eine Flöte.

Und nun sollte König Midas entscheiden, wem er den Vorzug gab – hier der einfachen Flöte aus Schilfrohr oder dort der kunstvollen Kithara Apolls. König Midas entschied sich für das Flötenlied des großen Pan. Apoll, darüber sehr erbost, zauberte König Midas augenblicklich Eselsohren an den Kopf, um auszudrücken, daß ein Esel sei, wer hohe Kunst mißachte. Midas verbarg die Eselsohren unter seiner Krone. Erst sein Diener sah, als er ihm die Krone zum Haareschneiden abgenommen hatte, die großen Ohren. Doch er schwieg taktvoll. Da aber die Wahrheit niemals Ruhe gibt und ans Tageslicht will, packte sich der Diener eines Tages zusammen und ging vor die Stadt. Dort grub er ein Loch in die Erde und sprach die Wahrheit ganz leise hinein. Kein Sterblicher hätte je davon erfahren, wenn nicht aus der Grube ein Binsenbusch herausgewachsen wäre. Der trug das Geheimnis nun in sich, und als der Wind ihn schüttelte, begann er das, was er wußte, leise vor sich hin zu lispeln. So hat der Wind die Wahrheit aus den Binsen erfahren und weitergetragen, und deshalb spricht man noch heute von der Binsenwahrheit…

Wie schnell doch das leise Schaukeln der Schilfhalme die Gedanken beflügelt und weiterträgt!

Ein Laut erreichte jetzt mein Ohr, der mich jäh in die Wirklichkeit zurückholte und der wohl jedes Herz höher schlagen läßt: der Ruf der Wildgänse! Und da sah ich sie auch schon in ihrer charakteristischen Keilformation über mich hinwegziehen. Faszinierend ist er, der sehnsuchtsvolle, weit in die Ferne lockende Ruf der Gänse. Er ist für mich mit ein unverrückbarer Bestandteil der Schönheit des Herbstes.

Ist es nicht beruhigend zu wissen, daß in der Verlandungszone des Neusiedler Sees und an den stärker verschilften Lacken des Seewinkels noch die Graugans, die Stammform unserer Hausgans, mit knapp dreihundert Paaren brütet? Die jungen Gänse schlüpfen gerade dann, wenn das Schilf austreibt, und nähren sich auch gern von dessen zarten Sprossen. Sie können so Kanäle und Blenken im aufgelockerten, seeseitigen Röhricht schilffrei halten und damit Einfluß auf die Großgestaltung ihres Lebensraumes nehmen. Außerdem neigen alte Gänse dazu, sich im Umkreis ihres Nestes freien Blick zu verschaffen. Sie zupfen nicht nur die jungen Schilfpflanzen aus, sondern beißen auch die alten Halme ab, so daß kreisförmige Blenken entstehen.

Wie perfekt die soziale Abstimmung dieser Tiere ist, zeigt auch, daß bei Gänsen, deren beide Elternteile Junge führen, auch beide gleichzeitig mausern, sobald ihr Nachwuchs halbwegs erwachsen ist. Gänsejugend wächst schnell heran, doch bleiben die Flügel unterentwickelt; erst dann, wenn die Tiere schon groß sind, holen sie rasch auf. Eine hervorragende Einrichtung von der Natur, denn hier ist ja auch ein Verstecken zwischen Röhricht und Sumpfpflanzen weit zweckmäßiger, als Flucht und Auffliegen. Bei den landlebenden, aufbaumenden Hühnerküken dagegen, etwa bei Fasanen, wachsen die Flügel schon in den ersten Lebenstagen bis zur Flugfähigkeit und entwickeln sich dann in dem Maß weiter, daß der immer größer und schwerer werdende Vogel jederzeit fliegen kann.

Die Gänseformation ist inzwischen weitergezogen. Plötzlich ändert sich der Tonfall ihres Rufes. Der langgezogene, rhythmisch anschwellende Laut verwandelt sich in ein mehrstimmiges, aufgeregtes Gackern, und da ziehen auch schon die ersten Gänse in einer sinkenden Spirale im Gleitflug nieder. Man spürt direkt, wie die vorsichtigen Vögel die Umgebung des vorgesehenen Landeplatzes argwöhnisch mustern. Nach wenigen Minuten setzen die ersten Gänse genau in der Mitte der kahlen Uferwiese auf.

Mit dem Glas ist es mir möglich, die Artzugehörigkeit der Ankömmlinge genau zu bestimmen – es sind Saatgänse, vermutlich auf dem Durchzug in ihre Winterquartiere. Wie lange sie wohl hier Rast halten werden? Gerade in einem solchen Moment spürt man, wie wichtig es ist, Lebensräume zu erhalten, in denen die verschiedenen Tierarten Ruhe und Nahrung finden, rasten und sich fortpflanzen können.

Einer der empfindlichsten und am meisten bedrohten Bestandteile unserer Welt sind zweifelsohne die Feuchtgebiete. Diese Biotope, denen seit Jahrhunderten, ja Jahrtausenden Wasser entnommen wird, die seit Jahrzehnten Verunreinigungen in hohem Maße ausgesetzt sind, befinden sich in besorgniserregender Rückbildung und Beeinträchtigung, deren Folgen gar nicht abzuschätzen sind. Feuchtgebiete sind, wie schon der Name sagt, nasse Regionen und besitzen eines der lebenswichtigsten Elemente – eben das Wasser. Sie stellen somit eine Oase dar, in der es nur so wimmelt von unzähligem Leben. In diesem elementaren Medium, mag es klar oder reißend, träge oder trüb oder grün und stagnierend, süß, brackig oder salzig sein, lebt eines der reichhaltigsten Gemische von Tier- und Pflanzenarten, die es auf dieser Welt gibt.

Feuchtgebiete sind auch wichtige Etappen für den Zug der Wasservögel, also der Gänse, Enten und Sumpfvögel. Sie dienen ihnen nicht nur als Nistplätze oder zum Überwintern, sondern auch als Durchgangsstationen, an denen sie während des Vogelzuges oft über längere Zeit Quartier nehmen, um sich auszurasten und nach Nahrung zu suchen. Das Verschwinden bestimmter Feuchtgebiete würde daher einen Einschnitt in die Zugbahn der Vögel bedeuten und hätte somit gravierende Folgen. Grund genug für den Jäger, sein Wirken zur Erhaltung der Lebensräume um so mehr zu verstärken, je deutlicher der Mensch in der Natur Wunden hinterläßt.

Erregtes Geschnatter der Gänse läßt mich aufhorchen. Ein paar Tiere recken argwöhnisch ihre langen Hälse. Als ich nach einiger Zeit eine Mountainbikergruppe herannahen sehe, die mit Rufen und wild gestikulierend ihre Sportskameraden auf die rastenden Gänse aufmerksam machen, ist mir die Ursache für die Erregung der Vögel klar. Jetzt erklingt ein mehrstimmiger heller Ruf der Wachtposten. Dieser Ruf wird in Windeseile weitergegeben, bis die ganze Gänseschar mit hocherhobenen Hälsen verharrt. Als die Radfahrer sich weiter nähern, steigen die Gänse schließlich mit lautem Rufen auf und streichen ab.

Ich erinnerte mich an die Worte eines Freundes, der mir sagte: „Sobald die Sonne aufgeht, werden Massen von Radfahrern,

Wasserwildjagd –
Zauber der Seelandschaften!

Reitern und Spaziergängern unterwegs sein. Die Beunruhigung des Wildes durch den Tourismus, den sie den ‚sanften' nennen, ist groß." Ich hätte gerne gewußt, was den Gänsen lieber wäre: Die Landschaft unter der Obhut der Jäger zu belassen oder sie dem „sanften" Tourismus unter Fahrradreifen, Menschenfuß und Pferdehuf zu opfern. Leider werde ich die Antwort nie erfahren, weil ich die Sprache der Gänse nicht verstehe...

Obwohl die Jagd auf Gänse vor allem bei dichtem Nebel oder dann, wenn der Sturm über das Land peitscht, der ein hohes Streichen dieser Vögel nicht zuläßt, erfolgversprechend ist, habe ich meine erste Gans bei stillem, ruhigen Wetter erlegt.

Am Abend vor diesem denkwürdigen Ereignis erzählte mir mein Freund Helmut, der mich eingeladen hatte, daß am Vortag auf der Hutweide nahe der Grenze Hunderte von Gänsen eingefallen seien.

Da sich fast in der Mitte dieser Hutweide ein kleiner Schilf-flecken befand, der dem Jäger vor den scharfen Gänseaugen Deckung bot, hatte mir mein Freund dort einen Sitz eingerichtet. Nach menschlichem Ermessen mußte mir hier, vorausgesetzt, daß die Gänse auch einfielen, jagdlicher Erfolg beschieden sein.

Noch bei tiefster Dunkelheit fuhr mich Helmut hinaus zu meinem Schilfsitz. „Wenn sie kommen, dann sitzt du inmitten einer Unmenge von Gänsen", meinte er noch. Dann ließ er mich mit einem „Weidmannsheil" allein.

Als der Tag graute, konnte ich auch meine Umgebung näher kennenlernen. Etwa hundert Meter entfernt zog sich eine dichte Buschreihe in Richtung ungarischer Grenze bis zum Schilf hin. Ein schnurgerader Wasserkanal trennte die Hutweide vom Schilf, das die Grenze zum See bildete.

Plötzlich ein Rauschen und Brausen in der Luft, als wäre die Wilde Jagd unterwegs. So schnell sie gekommen war, so schnell war die schwarze Wolke auch wieder weg. Stare waren es gewesen, auf ihrem Weg zu den Weinstöcken.

Am nahen See wurde es langsam lebendig. Tausende von Vogel-stimmen erfüllten mit einem Mal die Luft. Dazwischen waren die heiseren Rufe der Gänse zu hören. Meine Spannung stieg von Minute zu Minute. Würden sie kommen? Da, ein Geräusch. Hundertfacher Flügelschlag – die Gänse sind vom See abgestrichen! Immer näher kommt ihr Rufen, und dann sind sie auch schon über mir. Doch sie zeigen keinerlei Anzeichen, in meiner Nähe zu landen. Im Gegenteil. Sie streichen über mich hinweg, um jenseits der Buschreihe niederzugehen. Nun ist guter Rat teuer. Sollte ich sitzenbleiben? Oder sollte ich einen Birschversuch wagen?

Da ich mich in diesem Revierteil nicht auskannte, entschied ich mich fürs Sitzenbleiben. Es dauerte auch nicht lange, da kam Helmut. Das erste, was er sagte, war: „Du hast Pech. Wo sind sie eingefallen?" – Oh, das konnte ich ihm genau sagen und zeigen. Vorsichtig birschten wir zum Gebüsch, drangen ebenso vorsichtig auf die andere Seite vor, und da waren sie – direkt vor uns, hunderte grauer Vogelkörper. Behutsam zogen wir uns wieder zurück.

„Da, wo sie sitzen, hat es keinen Sinn", erklärte mir Helmut, „wir befinden uns jetzt schon auf ungarischem Boden". Was also tun? Helmut hatte einen Plan. „Paß auf", meinte er, „wir birschen vorsichtig zurück, und du beziehst im Schilf neben dem Einserkanal deinen Ansitz. Wenn wir Glück haben, streichen die Gänse in einer Stunde wieder zurück zum Wasser. Dann kannst du dir vielleicht eine oder zwei holen."

So geschah es dann auch. Es dauerte kaum eine halbe Stunde, als ich von weitem, genau den Einserkanal entlang, einige Gänse in meine Richtung streichen sah. Es konnte gelingen. Und da waren sie auch schon. Ich ließ sie noch über mich drüberstreichen, dann nahm ich die mir nächstgelegene Gans aufs Korn. Im Schuß fiel der Vogel in das Schilf.

Meine erste Gans! Unbeschreibliches Glück! Auch Helmut, der ein Stück weiter saß, gelang ein Schuß, und bald darauf war er bei mir. „Die Gans ist gefallen. Wo ist sie?" Ich bezeichnete ihm die Stelle im Schilf. Und dann ging es ans Suchen. Bei der Dichte des Schilfes dauerte es fast eine halbe Stunde, bis ich die Gans in Händen hielt. Mit einem kapitalen Hirsch hätte ich nicht mehr Freude gehabt!

Und diese Freude konnte auch kein bißchen durch die Aussage Helmuts getrübt werden, der nach eingehender Betrachtung meinte, daß ich wahrscheinlich den Urgroßvater aller Gänse erlegt hätte. Ein Bekannter riet, eine Ganssuppe daraus zu machen, da das Wildbret zu zäh sei. Dank der großartigen Kochkunst meiner lieben Frau wurde die Ganssuppe letztlich zu einer wahren Delikatesse, und so wird mir mein Ganserlebnis auch in dieser Hinsicht als einmalig in Erinnerung bleiben.

Frau Weltmeister, schiaßn S'...!

Annemarie Moser, sechsfache Weltcup- und Olympiasiegerin, beste Schifahrerin aller Zeiten, habe ich schon gekannt, als sie noch „Pröll" hieß. Doch hier soll nicht von der „Annemarie nationale" als Schifahrerin erzählt werden, deren Werdegang Millionen von Menschen auf dem Bildschirm mitverfolgten, sondern von der Jägerin Annemarie Moser, mit der ich so manch stille Birsch – ohne Beisein des Fernsehens – erleben durfte.

Begonnen hat es damit, daß Annemarie und ich bei Freund Franz, von dem schon die Rede war, in seiner wunderschönen Eigenjagd am Fuße der Ennskrax die Möglichkei hatten, zu jagen. Mein Weidwerken in diesem Revier beschränkte sich allerdings stets auf den Urlaub, den ich meist im August dort verbringe.

Der erste Weg nach der Ankunft in Kleinarl führte mich natürlich wie immer ins „Cafe Annemarie", um meinen beiden Freunden Annemarie und Herbert, ihrem Gatten, „Grüß Gott" zu sagen. Der zweite Satz kam bereits von Annemarie, die damals noch kein Revier hatte: „Wann gengan ma jagern? Derf i eh wieder mitgehn? I mach dir die Birschführerin – des hoaßt, wann ma da Herbert freigibt." Ein verschmitztes Lächeln und Augenzwinkern zu „ihrem" Herbert, der natürlich die Jagdleidenschaft seiner Gattin kennt und „großzügig" zustimmt. – Ja, und dann stand einem Birschgang auf der Steinkaralm nichts mehr im Wege. Freund Franz war natürlich mit von der Partie, und vor seiner Almhütte wurde der Birschplan ausgeheckt.

Es war gerade Rehbrunft, und es war auch noch ein Rehbock frei, den einer von uns erlegen sollte, falls ein passender kam. Franz wollte zum Mooskopf, während Annemarie und ich den Hochstand auf der Hinteralm beziehen sollten. Von dort hatten wir eine wunderschöne Sicht über einen Großteil des Reviers und konnten auch die Latschenfelder einsehen, die sich den Kamm entlang zogen.

Annemarie birschte voran, denn erstens kannte sie hier jeden Stein, und zweitens hatte sie Augen wie ein Luchs. Es war noch sehr zeitig am Nachmittag, und die Sonne brannte heiß auf uns nieder. Richtige Hundstage, und natürlich war bei dieser Hitze kein Stück Wild zu sehen.

Vom Hochstand aus tat sich ein herrlicher Blick auf, der die Sicht bis zu den Ennstaler Alpen freigab. Unterhalb erstreckte sich bis zum Hochwald hin ein „Böndl", das mit Latschenschöpfen und kleineren Grasflächen durchzogen war. Als wir diesen Boden mit dem Glas absuchten, entdeckten wir fast gleichzeitig einen Rehbock mit seiner Geiß. Beide waren niedergetan und dösten vor sich hin. Der Bock war etwa dreijährig und schon recht gut, also tabu. Immer wieder wanderten unsere Blicke zu den Rehen. Endlich wurde die Geiß hoch, kurz darauf auch der Bock, der sogleich die Geiß beschlug. Ein wenig zupften die beiden dann noch an den Gräsern, um sich bald wieder niederzutun. Dieser Vorgang wiederholte sich regelmäßig in halbstündigem Abstand.

Eigentlich hatte ich nur laut gedacht, als ich sagte: „Der Bock und die Geiß verhalten sich eigentlich gar nicht so, wie es normal sein sollte."

„Und wia sollten si sich verhalten?" wollte Annemarie wissen.

„Normal müßte der Bock die Geiß treiben."

„Ja, und warum muaß er unbedingt de Goaß treiben?"

„Weil die Geiß durch das Treiben erst jene Körpertemperatur bekommt, die sie braucht, um aufzunehmen."

Nun war Annemarie zufrieden, offensichtlich in dem Bewußtsein, daß man auch in der Jagd nie auslernt.

Gute zwei Stunden blieben wir noch sitzen, doch da sich außer unseren „Hochzeitern" nichts zeigte, wollte ich ein Stück zurückbirschen, um nachzusehen, ob sich beim „Moosköpfl" nicht der gute Gamsbock herumtrieb, der dort angeblich gehen sollte. Annemarie blieb inzwischen auf dem Hochstand.

Die Sonne neigte sich langsam dem Horizont zu, und friedlich grasten am Fuße des Steinkares verstreut ein Dutzend Kühe. Stille herrschte, nur hin und wieder drang das eintönige Geläute der Glockenkuh herüber. Stück für Stück suchte ich das Gelände mit dem Glas nach Wild ab, doch nirgends war etwas zu sehen. Oder

Annemarie „nationale" Moser –
nicht nur als Schirennläuferin
weltmeisterlich

war der hellgelbe Fleck hundert Meter oberhalb des Weideviehs ein Stück Wild? Ich konnte es nicht genau sagen, doch als mit einem Mal Bewegung in den Fleck kam, erkannte ich es. Es war der alte Gamsbock, der gerade hoch wurde. Wahrscheinlich fühlte er sich durch die Rinder gestört, die in seine Richtung hin weideten. Jedenfalls – dort drüben stand er nun in seiner ganzen Größe. Ein kapitaler Bock!

So rasch es ging, birschte ich zurück zum Hochstand, und kurze Zeit später waren wir gemeinsam auf dem Weg zum Mooskopf. Dort bezogen wir einen Bodensitz, doch von dieser Stelle aus war der Gamsbock überriegelt. Aber vielleicht, so hofften wir, würde er ums Dunkelwerden „herüberäsen".

Diesen Gefallen tat er uns aber nicht. Dafür trieb ein Rehbock unter uns eine Geiß auf Teufel komm 'raus. Eine Weile sah Annemarie dem Treiben still zu, bis sie nachdenklich meinte: „Hiatzt wird des Goaßl oba do bald de Temperatur haben…" Wann die Geiß die „Temperatur" hatte, das konnten wir allerdings nicht mehr sehen, denn Bock und Geiß verschwanden im Hochwald und kamen nicht wieder heraus.

Allmählich wurde es dunkler, und wir mußten uns auf den Heimweg machen. Zu unserem Rehbock aber sollten wir doch noch kommen. Einige Tage später saßen Annemarie und ich wieder einmal auf dem Hochstand in der Hinteralm, da zog ober uns aus dem Latschenfeld ein Rehbock. Schnell angesprochen – er paßte. Da ging mit Annemarie das Jagdfieber durch. „Schiaß", flüsterte sie, „i bitt di gar schön, schiaß!"

Ich wollte, daß sie schoß. Aber das lehnte sie strikt ab. „Du bist der Gast, und du schiaßt den Bock!"

Während unserer Debatte, wer schießen solle, war der Rehbock weitergezogen und für uns nicht mehr sichtbar. So packten wir eilig unsere Sachen zusammen, um ihm nachzubirschen. In Windeseile ging es zurück, bis wir Sicht in Richtung Mooskopf hatten. Doch so sehr wir das Gelände absuchten, der Bock blieb verschwunden.

„Am End hat er si gar niedertan", meinte Annemarie. Ich glaubte eher, daß er auf der Suche nach einer brunftigen Geiß war.

Und ich sollte Recht behalten. Als mich am Rand des Waldschopfes unter dem Mooskopf ein roter Fleck irritierte, erkannte ich den Bock sofort. Nun ging alles schnell.

Bei der alten Wetterfichte angekommen, die wir uns als vorläufiges Ziel ausgesucht hatten, meinte Annemarie: „Von da aus miaßt's gehen". Es war weit. Meine Lust zu einem solchen Schuß war eher gering, und wieder wollte ich Annemarie den Vortritt lassen, doch abermals lehnte sie ab.

St. Hubertus war mir gnädig, und der Bock walgte im Feuer den Hang herunter. Auf den Schuß hin war auch der Aufsichtsjäger, der nicht weit entfernt ansaß, zur Stelle, und bald standen wir zu dritt vor dem Bock. Grenzenlose Freude überkam mich, denn noch nie zuvor hatte ich einen Gebirgsbock erlegt.

Vorsorglich hatte Annemarie eine vollgefüllte Schnapsflasche bei sich, die nun immer wieder in der Runde kreiste. Ganz entgegen meiner Gewohnheit sprach auch ich im „Freudentaumel" dem Feuerwasser mehr zu, als ich wollte, was wiederum einige Gedächtnislücken bei mir hervorrief. So kann ich mich nur noch daran erinnern, daß wir in größerem Kreis weiterfeierten. Genau hatte ich mir aber gemerkt, daß Annemarie erzählte, daß sie im Spätherbst auf vierzehn Tage ins Burgenland kommen werde und gerne auch einmal an einer Niederwildjagd teilgenommen hätte.

Nun, ich selbst besaß zwar keine Niederwildjagd, aber ich wollte mit meinem Freund Helmut sprechen, von dessen Jagd im Seewinkel in diesem Buch ja schon die Rede war. Vielleicht bestand dort eine Möglichkeit. Und die Möglichkeit hat sich dann auch wirklich ergeben.

Als ich Annemarie von ihrem burgenländischen Domizil abholte, vertraute sie mir an, daß sie wohl schon einmal auf einer Niederwildjagd gewesen sei, als Bergjägerin aber doch davor ein wenig Angst habe. Es gelang mir, ihre Bedenken zu zerstreuen, und so versprach der Tag ein schöner zu werden, zumal auch das Wetter mitspielte.

Annemaries Wunsch war es, wenigstens einen Hasen zu erlegen. Ich gab ihr noch einige Tips, dann waren wir bereits am Ziel angekommen. Sofort erkannt, wurde sie von allen herzlich willkommen geheißen. Mir fielen die Worte wieder ein, die sie mir einmal gesagt hatte: „I woaß net", meinte sie damals, „warum mi de Leut so anhimmeln. I bin do a koa anderer Mensch, wia alle andern..." – Nun, vielleicht kein anderer, aber doch ein außergewöhnlicher, liebe Annemarie! Hier aber war sie Jägerin unter Jägern.

Nach der Begrüßung ging es ins Revier, und der Jäger ließ zum ersten Kreis ausgehen. Ich bat ihn, mich gleich nach Annemarie auszuschicken, um ihr eventuell jagdliche Hilfestellung leisten zu können. Aber es war nicht nötig. Sie war auch im Jagdlichen weltmeisterlich und absolut ferm.

Auf den ersten Hasen schoß sie zu kurz, doch schon der zweite rollierte im Feuer. Überglücklich warf sie die Hände in die Höhe – wie sie es wohl schon viele Male vorher nach ihren Siegen getan hatte – und rief strahlend: „Mei erster Has! Mei erster Has!"

Es blieb natürlich nicht bei diesem einen Hasen. Fünf Stück konnte sie an diesem Tag zur Strecke bringen.

Mittags wurde am Rand eines kleinen Akazienwaldes im Schilfgürtel Rast gemacht. Tische und Bänke waren aufgestellt, und aus einem riesigen Kessel dampfte echte ungarische Krautsuppe. Für Unterhaltung sorgte Zigeunermusik. Ich freue mich jedes Jahr wieder auf diese Gruppe. Auch Annemarie war begeistert. Heiße Getränke sorgten für angenehme Erwärmung, und köstliche Bäckereien ließen das schon nahe Weihnachtsfest erahnen. Viel zu schnell verging die Zeit. Ein Hornstoß beendete die kurze Rast, und die Jagdteilnehmer begaben sich wieder zu den bereitstehenden Traktoren. Der Wind blies jetzt eisig über das Land, durch den Fahrtwind noch verschärft.

Über uns strichen pausenlos Gänse, und ihr heiseres Geschrei war weithin zu hören. Doch für unsere Flinten waren sie unerreichbar. Annemarie schaute sehnsüchtig nach diesem Wild, denn auch sie hätte gerne einmal eine Gans erlegt. Bevor wir zum nächsten Kreis ausgingen, riet ich ihr: „Wenn Gänse kommen, erst schießen, wenn du die Ruder sehen kannst!"

Nicht nur mit den Retrievern schloß die Bergjägerin
Annemarie Moser sofort Freundschaft ...

... sondern auch mit den Niederwildjägern und den
burgenländischen Musikern

Wieder gingen wir aus. Jäger – Treiber – Jäger – Treiber. Gut verteilt dazwischen die Hundeführer. Kurz nach dem Anblasen strichen, weit niedriger als die anderen, aber immer noch hoch genug, sieben Gänse auf uns zu. Der Treiber neben Annemarie hatte sie schon erspäht und rief voller Eifer: „Gäns! Gäns! Frau Weltmeister, schiaßn S'!" – Frau Weltmeister hat nicht geschossen, denn man konnte die Ruder nicht sehen.

Beim letzten Trieb wurde vor Annemarie ein Fasanhahn hoch, doch er strich zu flach weg. Sie konnte nicht schießen, um niemanden zu gefährden. So blieb es bei fünf Hasen, ohne Flugwild. Ein beachtlicher Erfolg für eine Bergjägerin.

Als die Tagesstrecke gelegt wurde, war es schon ziemlich dämmrig. Links und rechts der Strecke wurden zwei Strohballen entzündet. Im flackernden Schein der Flammen gab Freund Helmut die Strecke bekannt. Nach seinem Dank für das disziplinierte Verhalten der Jäger und mit den besten Wünschen für die kommenden Festtage ging es dem Dorf zu. Das gleichmäßige Tuckern der Traktoren wurde nur noch vom Ruf der Wildgänse übertönt, die unablässig über unsere Köpfe hinwegstrichen. „Ober uns ziagn's no allerweil, de Gäns", meinte Annemarie, ganz dem Zauber der Stimmung hingegeben.

Ja, sie ziehen noch, die Gänse, aber schon bald, wenn die Winterstürme über das Land fegen und die ersten Fröste den See zufrieren, dann wird auch ihr Geschrei wieder verstummen. Doch es kommt ein neues Jahr, und wenn es auch diesmal auf Gänse nicht geklappt hat, vielleicht sieht die Annemarie das nächste Mal die Ruder, wenn der Treiber ruft: „Gäns! Gäns! Frau Weltmeister, schiaßn S'…"

Ernst Zwilling-
eine besondere Freundschaft

Mit Ernst A. Zwilling verband mich viele Jahrzehnte hindurch, bis zu seinem Tod, eine tiefe Freundschaft. Aufmerksam wurde ich auf diesen großen Afrikaforscher und Großwildjäger durch seine Bücher. Bereits in der Schule lernte ich durch ihn ein Land kennen, von dem ich nicht mehr gewußt hatte, als daß dort Menschen mit schwarzer Hautfarbe leben.

Damit wir uns persönlich kennenlernten, mußte das Schicksal ein wenig Regie führen. Ich gestaltete damals für den Rundfunk die Jägerstunde. In meinem Eifer war ich sehr daran interessiert, bekannte und womöglich berühmte Jäger in die Sendung zu bringen, und so verfiel ich eines Tages auch auf Ernst A. Zwilling. Sozusagen als „Vorbereitung" schlug ich ein Treffen in Form eines Arbeitsessens in unserer Wohnung vor. Und Zwilling kam. Damit war aber auch ein Problem geboren: Was kocht man einem so berühmten Gast zum Abendessen, um auch die Gunst seines Gaumens zu erringen? Die Antwort eines gemeinsamen Bekannten darauf war ernüchternd: „Mach dir keine Sorgen. Der Ernstl frißt alles, was ihn nicht frißt!"

Das, was ihm meine Gattin an Kulinarischem vorsetzte, muß ihm aber doch geschmeckt haben, denn als er zu uns kam, bedauerte er, daß er nur eine Stunde bleiben könne, weil er im Anschluß zu einem Empfang geladen sei. Zwilling kam um sieben Uhr abends und ging um halb zwei Uhr in der Früh!

Er konnte so fesselnd erzählen, daß niemand auf die Idee gekommen wäre, auf die Uhr zu sehen. Sein Leben glich einem Kriminalroman. Bereits mit 24 Jahren betrat er 1928 in der großen Regenzeit erstmals den Boden des alten Afrika. Wie kaum ein anderer Zeitgenosse marschierte er in der Kolonialzeit viele hunderte Kilometer zu Fuß, allein als Weißer, mit einer großen Eingeborenen-Trägerkarawane durch das mit Schlafkrankheit verseuchte Regenwaldgebiet Südost-Kameruns und des benachbarten Gabun.

Hier war er unter anderem zu Gast bei einem Missionar zum Mittagessen. Das zarte weiße Fleisch der Hauptspeise hatte es ihm angetan, und der Aufforderung seines Gastgebers, der gesehen hatte, daß es Zwilling vorzüglich schmeckte, noch eine Portion von dem Fleisch zu nehmen, kam dieser natürlich gerne nach. Neugierig geworden, erkundigte sich Zwilling nachher, wo man denn hier das großartige Kalbfleisch herbekäme, in dieser Wildnis? Er mußte erfahren, daß er eben das Fleisch einer Gabun-Viper gegessen habe, der giftigsten Schlange Afrikas.

In den wildreichen Savannen und in den heißen Trockensteppen hinauf bis zum Tschadsee erkundete Zwilling die artenreiche Tierwelt und erbeutete das seltenste Wild. Er war es auch, der mit dem Flugzeug den ersten lebenden Gorilla nach Österreich in den Tiergarten Schönbrunn brachte.

Von den großen Wildparadiesen des Britisch-Ostafrika beeindruckt, ließ er sich in Ugandas Hauptstadt Kampala nieder und gründete ein Safari-Unternehmen. Als „White-Hunter" oblag ihm nicht nur die Durchführung von Jagdsafaris, sondern er hatte auch die strengen Wildschutzgesetze einzuhalten und die Jagdgäste vor Wildangriffen zu schützen. Bei einem derartigen Angriff eines verletzten Rotbüffels hätte er fast ein Bein verloren, und einen angreifenden Gorilla mußte er auf zwei Meter Entfernung erschießen.

Aber auch mit den Jagdgästen hatte er so seine Sorgen. Einmal hatte er eine Engländerin als Jagdgast. Jeder Afrikajäger weiß, daß man frühmorgens die Stiefel umdrehen muß, um das während der Nacht eingesiedelte Ungeziefer zu entfernen. Auch die Engländerin wußte dies natürlich, nur – sie tat es nicht. Die Folge war, daß sie ein Skorpion in den Fuß stach. Es war zwar nicht lebensgefährlich, dafür aber um so schmerzhafter.

An die erste Aufnahme mit Ernst Zwilling im Studio erinnere ich mich noch ganz genau. Zwilling hatte die ungewohnte Umgebung derart aus der Fassung gebracht, daß er vor Nervosität kein Wort sagen konnte. Der Aufnahmetechniker rettete die Situation, indem er Zwilling fragte, ob er ihm einen Elefanten ins Studio

*Prof. Ernst A. Zwilling in seinem Arbeitszimmer in Mödling –
besonders stolz war er auf die in Silber gefaßten Stoßzähne
eines der stärksten jemals erlegten Elefanten*

bringen solle, damit er ruhiger werde. Zwilling mußte herzlich lachen, und der Bann war gebrochen.

Ein Jagderlebnis möchte ich hier noch erzählen, das ich vor vielen Jahren mit ihm hatte. Hin und wieder fügte es das Schicksal nämlich, daß wir gemeinsam jagten. Allerdings nicht in Afrika, sondern in Österreich.

Wieder einmal befand sich Ernst Zwilling nach mehrmonatiger Safari in der Heimat, als wir einander, kurz vor Weihnachten, zufällig auf einer Niederwildjagd begegneten. Hasen und Fasanhahnen waren freigegeben, und bereits vor der Jagd erzählte mir Ernst, daß er für den Weihnachtstisch unbedingt einen selbsterlegten Fasan mit nach Hause bringen müsse. Dazu muß ich vermerken, daß Ernst Zwilling ein äußerst guter Kugelschütze gewesen ist. Der Schrotschuß lag ihm allerdings nicht so sehr. Da der Jagdleiter sah, daß Zwilling und ich uns kannten, richtete er es immer so ein, daß wir beide nebeneinander zum Ausgehen kamen. Fasane gab es in diesem Revier zur Genüge, und jedermann kam ausreichend zu Schuß. Auch Zwilling schoß neben mir Doublette um Doublette, doch die Fasane waren nicht gewillt, seine Schrote anzunehmen. Nach dem dritten Trieb meinte Ernst, nun schon ein wenig mutlos, daß es diesmal wohl nichts mit einem selbsterlegten Fasan für den Weihnachtstisch werde. Da reifte in mir ein Plan, den ich schon beim nächsten Trieb in die Tat umsetzen wollte. Das Schicksal kam mir dabei entgegen, und es kam so: Wir gingen bei diesem Trieb durch hohes Schmielengras, als vor uns gleichzeitig zwei Fasanhahnen hoch wurden und, wie bestellt, einer vor mir und einer vor Ernst. Beide fuhren wir gleichzeitig auf, und auch unsere Schüsse brachen gleichzeitig. Diesmal hatte ich bewußt auf „seinen" Hahn gezielt, und der fiel tatsächlich im Feuer. Zwillings Freude war grenzenlos. Immer wieder versicherte er mir, welch große Freude er mit seinem Hahn habe.

Auch ich freute mich ehrlich, ihm einen kleinen Freundschaftsdienst erwiesen zu haben, von dem er nie erfahren hat.

Am Nikolaustag

Die schönsten und stimmungsvollsten Jagderlebnisse hatte ich wohl in den winterlichen Bergen auf mein Lieblingswild – den Gams. Dazu gehört auch das Erlebnis mit dem „Nikolausgams", den mein „Jagdbüchl" ausweist.

Es war an einem der letzten Novembertage, als mir mein Freund Alfred mitteilte, daß wir in der ersten Adventwoche auf einen IIIer-Gamsbock fahren könnten. An einem wunderschönen Sonnentag brachen meine Frau, mein Freund und ich auf, um in der Steiermark unser Weidmannsheil zu versuchen. Tage zuvor hatte es in der Alpenregion bis tief ins Tal heruntergeschneit, und so freuten wir uns auf die Birschgänge im winterlichen Revier.

Hatten uns schon von weitem die verschneiten Berge in vorweihnachtliche Stimmung versetzt, so fanden wir in Mariazell bereits eine Schneefahrbahn vor, und den steilen Weg zum Haus des Oberförsters in Greith mußten wir sogar zu Fuß hinaufgehen, da die Reifen des Wagens auf der schneeglatten Fahrbahn nicht mehr griffen. Der Oberförster, der für die kommenden Tage auch mein Birschführer sein sollte, war mir auf Anhieb sympathisch. Für den frühen Nachmittag wurde der erste Birschgang vereinbart.

Die Jagdhütte lag tief verschneit in einer Mulde des Hanges. Mit gemeinsamen Kräften gelang es, den Weg zum Eingang vom Schnee freizuschaufeln. Wenig später erfüllte wohlige Wärme die Räume, und dank der Kochkunst meiner Gattin zog der würzige Duft einer Bohnensuppe verlockend durch unsere Nasen.

Den Nachmittag widmeten wir einer Revierbesichtigung vom Tal aus. Am Morgen sollte es aber ernst werden. Da nahmen wir uns nämlich einen Gang auf die Staritzen vor. Zwar konnte ich mir noch nicht vorstellen, wie ich da hinaufkommen sollte, doch eines wußte ich gewiß – frieren würde ich dabei sicher nicht.

Die Nacht war bitter kalt gewesen. Die Quecksilbersäule stand auf minus siebzehn Grad. Der eisige Atem des Morgens schlug uns beim Aus-dem-Haus-Gehen mit voller Wucht ins ungeschützte

Gesicht, und selbst das grobe Schuhwerk konnte der Kälte nicht standhalten. Tatsächlich war aber durch das zügige Bergaufsteigen der Frost im Nu aus den Knochen vertrieben. Bald suchten sogar vereinzelte Schweißtropfen ihren Weg den Rücken abwärts.

Nach eineinhalb Stunden waren wir beim Kar angelangt. Vorsichtig glaste mein Birschführer die Geröllhalde ab: kein Gams! „Werden alle droben auf der Schneid sein", meinte er enttäuscht. „Dort is jetzt wärmer wia da herunt'!" – Während der Oberförster sinnend zur „Schneid" hinaufschaute, durchzuckte mein Gehirn ein furchtbarer Gedanke: „Der wird mich doch nicht am Ende da hinaufjagen..."

Gottlob kam es anders. Mein Birschführer hatte in der Zwischenzeit die gegenüberliegenden Hänge abgesucht, und plötzlich meinte er: „Do drüben in der Hochleiten steht a passends Böckl. Dös hol ma uns am Nachmittag!"

Ich begrüßte diese Entscheidung; denn jetzt durfte ich vorerst wieder absteigen. Untrainiert, wie ich war, ging mir der Rückweg natürlich gehörig in die Knie, und ich war heilfroh, als ich wieder im Auto saß. Hier sollten mich auch keine zehn Rösser mehr herausbringen, bevor ich nicht ein wenig zu Hause ausgeruht hatte. Die Mittagsrast tat auch meinen geschundenen Füßen gut, und nachmittags war ich schon wieder einigermaßen zu Taten aufgelegt.

Wieder ging es zügig bergauf. Fast lautlos kamen wir voran, da der Schnee durch die Sonnenbestrahlung ziemlich aufgeweicht war. Immer öfter hielt nun mein Birschführer inne, um die Gegend aufmerksam mit dem Glas abzusuchen. Hier mußte irgendwo der Gams sein, den er am Vormittag gesehen hatte. Plötzlich blieb er stehen und deutete mir, nachzukommen. Und dann sah auch ich ihn, „meinen" Gams. Nur achtzig Schritt entfernt, äugte er zu uns herüber. Jetzt hieß es schnell sein. Behelfsmäßig am Birschstock angestrichen und ins Ziel hineingewackelt! Auf den Schuß ging der Gams langsam ab und verschwand hinter einem Felsblock.

„Weidmannsheil", entbot mir mein Birschführer herzlich, „dös hat ganz wunderbar geklappt. Jetzt laß ma uns Zeit", meinte er und unterwies mich dann: „Se gengan zum Auto zruck und fahrn zur

Nach anstrengender Birsch

Straßn runter. I ziag den Gams übern Wald obe. Unten beim Bildstock treff ma uns."

Langsam ging ich zum Auto zurück, immer wieder stehenbleibend und die herrliche Gegend betrachtend. Voll des Dankes, in diesem wunderschönen Flecken meines Heimatlandes jagen zu dürfen, bewunderte ich im Hintergrund die wildromantischen Gebirgszüge der Wildalpen und die gegenüberliegenden steilaufsteigenden Wände der Staritzen.

Als ich mit dem Wagen zum Bildstock kam, war der Oberförster mit dem Gams bereits dort. Feierlich überreichte er mir den Bruch, den ich wie ein kostbares Geschenk auf den Hut steckte. Ein wunderschönes Jagderlebnis hatte damit seine Abrundung erfahren.

In der Jagdhütte wartete meine Gattin bereits mit Ungeduld, denn sie hatte eine Überraschung vorbereitet: Der Tisch war festlich gedeckt und mit Tannenreisig geschmückt. In der Mitte stand eine Flasche Sekt, und jeder Platz war mit einem Schokolade-Nikolaus geschmückt. Vor lauter Jagen hatten wir nämlich ganz darauf vergessen, daß heute der 6. Dezember war, Nikolaustag.

Als meine Frau nach dem Abendessen die erste Adventkerze anzündete, kam mir unwillkürlich mein Lieblingsdichter Karl Heinrich Waggerl in den Sinn, wie er mit schlichter Einfachheit von der Advents- und Weihnachtszeit in seiner Kindheit erzählt. Wie recht er doch hat, wenn er sagt, daß kein Trost bei der Macht der Mächtigen und bei der Weisheit der Weisen zu finden sei, sondern daß uns nur noch die Kräfte des Herzens einmal werden retten können...

Eine Gamsgais im Dezemberschnee

Außer dem „Nikolausgams" verzeichnet mein „Jagdbüchl" noch einen Gams mit besonderem Namen: den „Hubschraubergams". Ich verbinde damit nicht nur ein wunderschönes Jagderlebnis, sondern auch meinen ersten Flug mit einem Hubschrauber.

Knapp vor Weihnachten rief mich mein Freund, der Sepp vom Mondsee, an, und machte mir den Vorschlag, mit ihm im Tennengebirge auf Gams zu jagen. Nun, das brauchte er mir nicht zweimal sagen. „Ba da oberen Jagdhüttn" – er meinte damit eine Hütte in einer Höhe von etwa 2.000 Meter Seehöhe –, also „ba da oberen Hüttn liegt schon Schnee. Aber es wär net so arg, daß wir's net derpacken könnten". Das Wetter war momentan sehr schön, und so beschloß ich, dieses Geschenk des allmächtigen Wettermachers und Schutzpatrons der Fischer, des heiligen Petrus, auszunutzen und ein wenig nach den Gams zu schaun. „Aber kimm zeitli in da Fruah", meinte Sepp, „weil da Aufstieg zur Hüttn dauert a guate fünf Stund!"

Zeitig in der Früh stand ich am anderen Tag vor seiner Tür. „Du", sagte er, „i haun no a wengerl was z'toan. Aber sitz di daweil in die Stubn eini. I kimm bald".

So setzte ich mich in die Stuben „eini" und wartete zwei, drei Stunden. Sepp war weit und breit nicht zu sehen. Endlich kam er – nicht gerade gehetzt – und verkündete mir gut gelaunt, daß wir jetzt „Mittag" machten. Mein Einwand, daß wir noch gut eine Stunde nach Abtenau zu fahren und dann noch einen fünfstündigen Aufstieg vor uns hätten, rührte ihn nicht. „Waunn ma z'spat dran sand, nocha gengan ma halt nur bis zur untern Hüttn. Durt sand ma in guate drei Stund."

Ja, wenn er glaubte. Mir sollte es recht sein.

Die Zeit verging, und Sepp tat nichts dergleichen. Keine Anstalten zum Aufbruch. Ich wurde langsam immer nervöser, und als ich demonstrativ auf die Uhr schaute, meinte Sepp gelassen: „Mir gengan glei!"

Jedenfalls kamen wir erst zehn vor drei Uhr beim Jagdherrn an.

Bin gespannt, wie es der Sepp schaffen will, noch vor Einbruch der Dunkelheit die untere Hütte zu erreichen, grübelte ich vor mich hin. In der Zwischenzeit gab es die Begrüßung und die „aufbauende" Nachricht vom Jagdherrn, daß das Wetter wahrscheinlich schon in der Nacht umschlagen werde. Heute schien nicht gerade mein Tag zu sein. Endlich war Sepp soweit. „Mir fahrn mit'n Auto bis zum Aufstieg", meinte er.

In holpriger Fahrt ging es den schmalen Wiesenweg entlang, und als wir eine kleine Bergkuppe hinter uns gelassen hatten, traute ich meinen Augen nicht. Am Ende der Wiese stand ein Hubschrauber.

„Do schaugst", meinte Sepp spitzbübisch und voller Freude, daß ihm die Überraschung gelungen war. „Heut' mach ma's nobel. Heut laß ma uns aufefliagen."

Wenn ich mit allem gerechnet hatte, mit dem sicher nicht. Der Grund war, daß mein Freund hin und wieder Proviant und Gasflaschen für Licht und Heizung zur Hütte hinauffliegen ließ, und diesen Transport benutzte er diesmal, auch uns hinaufzufliegen.

Der Flug mit dem Hubschrauber war ein einmaliges Erlebnis. Viereinhalb Minuten dauerte es bis zur Landung neben der Hütte.

Und, daß ich es nicht vergesse, Franz, ein Freund von Sepp, war auch mit von der Partie.

Kaum hatten wir den Hubschrauber entladen, war von ihm auch schon nur mehr ein Punkt am Horizont zu sehen. Ja, Zeit ist Geld! Für uns folgten nunmehr die notwendigen Hüttenarbeiten: Wasserholen, Feuermachen…

Bald breitete sich wohlige Wärme in der Hütte aus. Der Raum war klein, aber sehr behaglich. Zwei Stockbetten ließen nur mehr wenig Raum für einen kleinen Ofen, einen Tisch und ein paar Sesseln. Der mitgebrachte Proviant wurde am Tisch ausgebreitet, und während sich jeder an Speck, Würsten, Eiern und Käse gütlich tat, ging's für den kommenden Jagdtag ans Pläneschmieden. Unsere Sorge galt dem Wetter, denn schon am Nachmittag zogen vom Westen her dicke Wolken auf.

An diesem Abend gingen wir bald zu Bett. Ich kam oben zu liegen, was wegen der Wärme angenehm war. Franz lag im Bett unter mir und Sepp neben mir im ersten „Stock". Ich hatte mich in einen dicken Überwurf eingerollt und war gerade dabei, mich sanft von dieser Erde zu lösen, um mich in Morpheus Arme zu begeben, als mich jäh ein abgrundtiefer Schnarcher von Franz in die Wirklichkeit zurückholte. Nur gut, daß er unten lag. So wurden diese markerschütternden Laute doch ein wenig gedämpft.

Ich stellte mir gerade vor, wie es wäre, wenn er neben mir läge – nicht auszudenken! Und während ich dies dachte, stimmte neben mir auch Sepp ein Schnarchkonzert an, das jenes von Franz bei weitem in den Hintergrund stellte. Nun versuchte ich meinerseits, Abhilfe zu schaffen. Ich pfiff, klatschte in die Hände, rüttelte zumindest Sepp neben mir, mit dem Erfolg, daß er kurz innehielt, um dann erneut und verstärkt weiterzuschnarchen...

Irgendwann bin ich trotzdem eingeschlafen. Es mußte aber schon nahe an der Zeit zum Aufstehen gewesen sein, denn als der Wecker rasselte, meinte ich, eben erst eingedöst zu sein. Franz und Sepp hingegen waren vollkommen frisch, ausgeruht und bester Laune.

Ein Blick vor die Hüttentür dämpfte aber beider Fröhlichkeit; denn erstens war draußen eine „Waschküche", und zweitens schneite es, was der Himmel hergab.

Nach einem schnell eingenommenen Frühstück birschten wir ein wenig um die Hütte, doch es war aussichtslos. Keine fünfzig Meter ließ uns der Nebel Sicht.

Im Laufe des Tages änderte sich die Dichte des Nebels, und der Schneefall hörte auf. Wenn wir an die zweihundert Meter sehen konnten, versuchten wir eine Birsch. Einmal gelang es wirklich, im Gegenhang einige Gams auszumachen, doch im nächsten Augenblick waren sie wieder im milchigen Weiß verschwunden. Das Wort „Gamshüter" wurde mir hier erstmals im wahrsten Sinne des Wortes bewußt.

Zwei Tage lungerten wir untätig herum, dann mußte Franz wieder ins Tal. Ich blieb mit Sepp allein am Berg, aber für den dritten Tag war der Jäger angesagt. Er sollte im Laufe des Vormittags kommen. Der Jäger stand pünktlich um acht Uhr vor der Hüttentür, und auch das Wetter hatte sich weitestgehend gebessert. Nun wollten wir keine Zeit mehr verlieren.

Beim Verlassen der Hütte tat sich vor uns eine gigantische Bergwelt auf, und als die ersten Sonnenstrahlen auf sie fielen, ging ein Gleißen und Strahlen von ihnen aus, als lägen die kostbarsten Schätze der Erde vor uns. Unser Jäger aber, schon viele Jahrzehnte an diesen wunderschönen Anblick gewöhnt, hatte nur Augen für die Gams. Zentimeter für Zentimeter leuchtete er mit dem Glas das Gelände ab, bis er plötzlich innehielt. Lange spekulierte er zum Grat hinauf, dann meinte er, zu mir gewendet: „Da oben, unterm Grat, stengan vierzehn Gams. A hochkruckerte Goaß is dabei, de kannst schiaßn. De hat ihr Alter!" Nun suchte auch ich die Gams – und fand sie auch. Allerdings empfand ich wenig Lust, dort hinaufzuschießen. Das war zu weit.

Meine Bedenken, die Entfernung betreffend, tat der Jäger achselzuckend ab. Also glaubte ich ihm in Gottes Namen und wagte den Versuch. Meinen Schuß haben die Gams vollkommen ignoriert. Langsam zog Stück für Stück dem Grat zu.

Doch unser eifriger Jäger hatte schon wieder eine Gais ausgemacht. „Paß auf", sagte er, „so a fuffzg Meter unter dem Scharl steht a anzelns Goaßl. Es is zwar jünger als de hochkruckerte, aber de Krucken sand eng gstellt. De kannst nehma!"

Nun wollte ich vorsichtiger zu Werke gehen. Zwischen zwei Steine den Försterkragen eingezwängt, den rechten Arm auf einen Stein abgestützt, langsam das Fadenkreuz in den Wildkörper gebracht, und draußen war der Schuß. Noch im Knall riß es die Gais in die Höhe. Dann walgte sie ab. Immer tiefer und tiefer. Ich befürchtete schon, sie werde bis ins Tal hinunter kollern. Endlich kam sie aber doch zum Liegen. – „A wirkli sauberer Schuß", lobte mich nun der Jäger. Das baute mich nach dem Fehlschuß wieder enorm auf.

Die Bergung des Stückes war nicht allzu schwierig. Dafür gestaltete sich der Abstieg äußerst kräfteraubend, da oft riesige

*Nach Wetterunbilden doch noch Weidmannsheil
auf eine Gamsgais*

Steine, die durch den Regen vom Berg heruntergeschwemmt worden waren, den Steig verlegten.

Am späten Nachmittag war es dann doch geschafft. Müde, aber glücklich genossen wir die vom Jagdherrn bereitgestellte Stärkung, und dann ging es ans Erzählen. Da uns vom vielen Reden bald die Kehlen trocken wurden, machte uns der Jagdherr mit seinen besten Jahrgängen aus bedeutenden Rieden bekannt, was natürlich nicht ohne Folgen blieb. Noch heute bin ich mir nicht ganz im klaren, wie wir damals nach Hause gekommen sind...

Jägerweihnacht

Spät im Dezember ist es geworden, und das Jagdjahr neigt sich dem Ende zu. Weihnachten steht vor der Tür und rührt auch – und gerade – den Jäger an. Eigentlich ist die Winterzeit hauptsächlich Hegezeit. Aber auch Zeit, das Jahr zu überdenken und Pläne für das neue Jahr zu schmieden. Dies geschieht am besten auf einer einsamen Jagdhütte.

Bleigrau und schwer liegt düsteres Schneegewölk über dem Land, als ich zur Hütte aufsteige. Lautlos taumeln weiche, weiße Flocken zur Erde und dämpfen den Tritt der groben Schuhe. Anstrengend ist der Weg, doch mit einem Mal liegt die Hüte vor mir, hineingeduckt in den dunklen Bergwald.

Eine schmale Spur, wie aufgereihte Perlen, führt unweit von der Hütte in das Unterholz. Hier war der Fuchs unterwegs. Hinter dem Gebüsch sind einige Flocken Hasenwolle zu finden und etwas Schweiß. Ja, Neuschnee und Altschnee zeigen dem Jäger vielerlei an Fährten, Spuren und Geläufen. Aber sie verraten ihm auch, wo sich das Gesetz der Natur vollzogen hat…

Das Hüttendach ächzt unter der drückenden Schneelast, doch beruhigend präsentiert sich, im Bewußtsein seiner schützenden Bedeutung, das Hirschgeweih am Giebel, von alters her schon dazu verwendet, den Menschen vor Unheil zu schützen, aber auch, um als Opfer- oder Weihegeschenk der Jagdgottheit zu dienen.

Der Hirsch war aber auch Unterweltstier. In der bretonischen Dichtung liest man von einem Helden, der auf der Jagd von einem Hirsch ins Feenreich gelockt wird, wo er der Feen Liebe genießt. Der Hirsch kann aber auch in den tiefen Wald, in den Abgrund zur Waldfrau, zur weißen Jungfrau, zu den Riesen, zu den Hexen, ins Zauberland und zum Totenreich und Totenheer führen. Dies weist ihn als Führer in die Unterwelt aus. Dem Tode Verfallene reiten auf Hirschen, ebenso wie dämonische Wesen, etwa der Wilde Jäger.

Nicht mehr allzu weit ist die Zeit der zwölf Rauhnächte, die zwischen Weihnachten und Heiligendreikönig liegen. Auch diese geheimnisvolle Zeit ist dem Jäger ein Symbol. Geht doch in diesen Tagen die Wilde Jagd um, die der Jäger wohl kennt, weil sie ihn vielleicht schon selbst versuchen oder verleiten wollte. Geister erscheinen und wollen gebannt werden durch Licht, Feuer, Lärm oder Kreuzzeichen.

Im Glauben unserer Vorfahren waren die Rauhnächte vom Treiben der Dämonen belebt. Sie blieben bis in die Gegenwart herein voll mythischer und mystischer Ahnungen, wie dies viele noch heute lebendige Volksbräuche beweisen. So sollen etwa die Hausfrauen in der Zeit der Rauhnächte im Freien keine Wäsche aufhängen, da sie sonst die Hunde des „Wilden Jägers" zerreißen.

Anscheinend verlangt der Aberglaube auch eine ungewöhnliche Bestrafung des knechtisch der Jagdleidenschaft verfallenen Jägers. Die Legende besagt nämlich, daß Odysseus, als er den Hades, die Unterwelt, besuchte, dort Orion, den „Wilden Jäger", als Schatten das Wild vor sich hertreiben sah, das er einst auf Erden gejagt hatte – der „Wilde Jäger", der aufgrund seines übermäßigen Jagens zur ewigen Unruhe im Fegefeuer verdammt ist.

Mit dem „Wilden Jäger" verbindet man meist auch den Namen von Hans von Hackelberg, der in den Rauhnächten als ein feuriger und lärmender Sturmriese das „Wilde Heer" der verstorbenen Jäger und ein höllisches Gesindel von Zauberern und Hexen in den Verwandlungsmasken von Wölfen, Katzen und Füchsen durch die Jagdgründe der Luft anführt.

Wer sich mit dem wütenden Heer einläßt, dem ergeht es schlecht. Deshalb ist es ratsam, wenn die „Wilde Jagd" vorüberbraust, sich auf die Erde zu werfen, oder sich auf ein weißes Tuch zu stellen, oder um sich einen Kreis zu ziehen, oder den Kopf in ein Wagenrad zu stecken, denn dann, so will es die Sage, ist man vor den Umtrieben der „Wilden Jagd" sicher.

Während sich meine Gedanken im Mythos verlieren, ist tatsächlich Wind aufgekommen, der mir seinen eisigen Atem von den kälteklirrenden Schroffen zuweht. Jetzt aber schnell in die schützende Geborgenheit der Hütte! Durch die kleinen Fenster, die nur wenig Licht in den behaglichen, in Stube und Küche geteilten

Raum dringen lassen, sehe ich in das wundervolle Schneetreiben hinaus. Mögen draußen in den Karen und Wänden die Bergmandeln ihr Unwesen mit Jägersleuten und Träumern treiben, hier herinnen in der Hütte ficht mich nichts an, wenn sich wohlige Wärme, harzig duftend, im Raum ausbreitet.

Langsam kriecht die Dämmerung vom Tal den Berg herauf. Morgen, wenn das Wetter mitspielt, will ich noch einmal nach dem Gamswild sehen.

Diese einzige noch in Mitteleuropa vertretene Antilopenart taucht mit der Bezeichnung „Camox" schon 448 nach Christus in einem lateinischen Text auf, und seit dem 12. Jahrhundert findet man den Gams als „gamiza" auch auf österreichischem Boden.

Gewandtheit, Klugheit, der starke Herdensinn dieser Wildart sowie die Gefährlichkeit seiner Bejagung haben Sagen, Legenden und Lieder über tollkühne Jäger und Wildschützen entstehen lassen, aber auch über goldgehörnte Gams, über ihr Erscheinen als Gamskönig, über Gamsfräulein und Salige wird immer wieder berichtet.

Dämonischen Charakter erhält das Tier, wenn der weiße Gams zur schönen Jungfrau wird oder in einen Gams verwünschte Mädchen mit Hexen wechseln, die sich selbst wieder in Gams verwandeln können. Bisweilen soll sich sogar der Teufel der Gamsgestalt bedienen. In Legenden wird berichtet, daß er in der Hexenversammlung mitunter auch als Gamsbock mit Goldhörnern erscheint.

Die weiße Farbe des Wildes, der man in vielen Legenden und Erzählungen begegnet, ist für den Jäger fast zu einer Schicksalsfarbe geworden. Wie in der Hubertuslegende drastisch vor Augen geführt, vermutet er, daß hinter der auffallenden und beim Wild äußerst seltenen Farbe unbekannte Mächte stehen müssen.

Auch der Wilde Jäger reitet einen Schimmel, und die Sage vom Zlatorog, dem weißen Gams, mag zusätzlich dazu beigetragen haben, daß dem Jäger die Hand unsicher wird, wenn er den Schuß auf weißes Wild wagen will; denn hinter dem weißen Dämon steht der Tod.

Vom weißen Gams sagt man, daß er kugelfest sei. Von einem Jäger, der einst auf einen weißen Gams geschossen hat, wird berichtet, daß seine Kugel vor dem Wild im Schnee eingeschlagen habe, wie von einer geheimnisvollen Hand aus der Bahn gelenkt. Noch dreimal richtete der Jäger vergeblich das Gewehr auf die weiße Decke. Nach dem letzten Schuß zuckte ein roter Blitzstrahl aus den Lichtern des Tieres und brannte wie ein glühendes Mal in seiner Seele. Daraufhin verlor der Jäger alle Kraft aus den Armen, und die Waffe entfiel seinen Händen. Seit dieser Stunde wich er dem unheimlichen Tier aus, und Gleiches taten auch die anderen Jäger. Nur einer aus einem fremden Tal stieg auf, um den weißen Gams zu erlegen. Zwei Tage später wurde der Jäger am Fuße der Felswand tot aufgefunden. Der weiße Gams wurde durch diese Sage zum „Satanstier".

Langsam kehren meine Gedanken in die Gegenwart zurück. Der Wind hat sich gelegt. Vor dem Schlafengehen trete ich noch einmal aus der Tür, um zu spüren, wie still es rundherum ist; wie alles in der Natur den Atem anhält.

Es hat wieder aufgeklart, und ich stehe hier allein. Über mir ist der sternenübersäte Himmel. Wie klar hier heroben die Luft ist! Auch der Wald scheint zu träumen. Klirrende Kälte hat sich ausgebreitet. Zwischen den Stämmen der Lärchen ist ein rieselndes Knistern der unaufhörlich aus dem Astwerk fallenden Nadeln zu hören. Hier ist wohl wie nirgends sonst der Hauch des Göttlichen zu spüren.

Orion, eines der schönsten Wintersternbilder, steht hoch über mir am Firmament. Orion, der Wilde Jäger…

Dem Götterglauben nach war Orion ein riesenhafter Jäger der Vorzeit aber auch ein gewaltiger Schürzenjäger. Als er Meope, der Tochter des Königs Oinopion, Gewalt antat, blendete ihn der König im Rausch und ließ ihn am Meeresufer in den Sand werfen. Die Sage weiß zu berichten, daß Orion nach seinem Erwachen aufs Meer hinaus watete, bis er zur Insel Lemnos im Ägäischen Meer kam, wo der Feuergott Hephaistos seine Schmiede hatte. Dort setzte er den Knaben Keladion auf seine Schultern und ließ sich

Advent, das ist die stillste Zeit des Jahres

von diesem nach Osten führen, der aufgehenden Sonne entgegen. Ihr heilendes Licht gab ihm die Sehkraft wieder.

Auch die Jagdgöttin Diana soll in Orion verliebt gewesen sein. Das aber gefiel wieder ihrem Götterbruder Apollo nicht, denn der Riese Orion war dem feinsinnigen Gott der Künste so zuwider, daß Apollo dessen Tod plante. Eines Tages, als Orion weit draußen im Meer watete, wettete er mit seiner Schwester Diana, daß sie nie den winzigen Punkt am Horizont mit ihrem Pfeil treffen würde. Doch der Pfeil schwirrte, und Orion wurde tödlich getroffen. Aus Schmerz und Scham, daß sie ihn getötet hatte, setzte Diana Orion an den Himmel.

Eine Sternschnuppe zieht ihre lautlose Lichtbahn am schwarzen Firmament, um irgendwo im All zu verglühen. Ist sie nicht ähnlich dem Leben des Menschen? Taucht nicht auch er aus dem Dunkel auf, zieht eine kurze Bahn, um wieder im Nichts zu verschwinden? Das kleine Stück Weg, das von ihm sichtbar ist, besteht aus Treiben und Getriebenwerden.

Advent, das ist die stillste Zeit des Jahres, sagt man. Doch was ist sie heute wirklich? Ein Hasten und Hetzen der Menschen. Vielleicht bräuchten viele von ihnen nur einen Abend in einer Jagdhütte mit sich allein zu sein, um sich selbst wiederzufinden?

Unermüdlich versucht der Mensch, Erde, Wasser, Wind und Luft, alles Lebende in seine Macht zu zwingen. Er achtet kein Geheimnis und kennt kein Tabu, und manchmal hat es den Anschein, daß der Mensch nur einem einzigen Wesen mit grenzenloser Furcht gegenübersteht: sich selbst.

Weihnachten, das ist eine geheimnisvolle Zeit. Daß ich es nicht vergesse – morgen muß ich ein Christbäumchen mit nach Hause nehmen. Es ist der letzte Gedanke, bevor ich in einen tiefen, traumlosen Schlaf falle.

Schwein muß man haben...

Die Jagd auf Schwarzwild hat für mich immer einen besonderen Stellenwert gehabt. So ist es nicht verwunderlich, daß so manches Schwarzwild-Erlebnis seinen Niederschlag in meinem „Jagdbüchl" gefunden hat.

Ein neues Jahr hatte gerade seine ersten Gehversuche hinter sich gebracht. Nachts herrschte klirrender Frost, und selbst, wenn sich die blasse Scheibe der Sonne tagsüber am Himmel zeigte, reichte ihre Kraft nicht aus, die erstarrte Natur aus ihrem Schlaf zu wecken.

Ein Freund von mir hatte damals im Waldviertel ein überaus gutes Schwarzwildrevier und lud mich alljährlich um diese Zeit zum „Sauansitz" ein. Dieses Jahr hatte ich Glück. Der für den Ansitz vorgesehene Tag fiel zwei Tage vor Vollmond!

Die Zeit bis zur Abreise verging in schneckenartiger Langsamkeit. Als meine Frau und ich vormittags losfuhren, waren wir froh, der mit rußgeschwärztem Schnee bedeckten und nach Abgasen riechenden Großstadt für ein paar Tage entfliehen zu können. Viel zu langsam bahnte sich das Auto den Weg durch verstopfte Ausfahrtsstraßen, bis endlich das Häusermeer im Dunstschleier zurückblieb.

Das Land wurde allmählich flacher. Die Kleinstadt mit der mittelalterlichen Befestigung tauchte auf. Wenige Kilometer weiter umsäumten mächtige Fichtenbäume die Straße. Wie ein unendlich weiter, grüner Teppich breiteten sie sich links und rechts über das Land aus. Sie sind es, die dieser Region den Namen gegeben haben – Waldviertel.

Wir waren bald am Ziel. Pünktlich trafen wir beim Forsthaus ein. Bald darauf die Besprechung der Jagd: Ich solle mich auf den „Sauhochstand" setzen, meinte mein Freund, denn dort kämen drei Frischlinge ohne Bache. Ansonsten hätte ich aber auch Überläufer frei.

Die Sonne war schon im Untergehen, als meine Frau und ich auf dem geschlossenen Hochstand Platz bezogen. Vor uns lag eine weite, freie Schneefläche, von dichtem Unterwuchs begrenzt, ein richtiger „Sauwald". Ich liebte diese Kanzel, denn noch niemals hatte ich sie ohne Anblick verlassen. Auch jetzt! Kaum hatten wir uns häuslich eingerichtet, zog von der rechten Waldseite zögernd eine Rehgeiß heraus.

Es war bereits ziemlich dunkel geworden, aber der Schnee würde einen guten Kontrast bieten, um jedes Stück und jede Bewegung sofort wahrzunehmen. Außergewöhnlich lange sicherte nun die Geiß zum Wald hin, dann sprang sie ab. Im knirschenden Schnee ließ sich die Fluchtrichtung genau verfolgen. Danach tiefe Stille.

Es mochte eine halbe Stunde vergangen sein, als sich vom gegenüberliegenden Waldrand ein schwarzer Schatten löste. Ein Blick durchs Glas: Überläufer! Plötzlich verhoffte er, und seine Teller spielten zum Hochstand herüber. Von uns konnte er aber keinen Wind bekommen haben. Da sah ich auch schon die Ursache seiner Vorsicht. Unter der Kanzel traten zwei Muffelwidder aus und zogen aufs Freie, ohne zu zögern, so, als wären sie hier weit und breit allein.

Unendlich langsam und mißtrauisch kam der Schwarzkittel aus dem Schatten des Waldes. Jetzt drehte er gegen die linke Seite ab, um bald darauf wieder im schützenden Wald unterzutauchen. Auch die beiden Muffelwidder verschwanden im gegenüberliegenden Wald. Mit einem Mal war der Platz wildleer geworden. Nur in der Ferne kauzte hin und wieder ein Fuchs.

Eine Stunde verging. Dann näherte sich von der rechten Waldseite ein ganzes Rudel Muffelwild. Nachdem die Gesellschaft halbwegs zur Ruhe gekommen war, entdeckte ich plötzlich in einiger Entfernung die drei Frischlinge. Sie schienen dem Muffelwild nachzuziehen, wagten sich jedoch nicht allzusehr in dessen Nähe. Zwei Frischlinge standen beisammen, während es der dritte vorzog, mehr im Umkreis des schützenden Waldes zu bleiben. Ich richtete mich zum Schuß.

Jetzt das Fenster vorsichtig hochgeklappt, das Gewehr „ausgefahren", das Ziel im Glas gesucht...

Blick vom Sauhochstand

Als ich soweit war, konnte ich nur noch einen der Frischlinge sehen. Die beiden anderen hatten sich offenbar verzogen. Nun mußte es rasch gehen, bevor es sich der dritte auch noch überlegte. Im Schuß blieb der Frischling im Schnee zurück, während das Muffelwild das Weite suchte.

Ob wohl die beiden Frischlinge zurückkommen würden? Ich wollte in jedem Fall noch eine Weile sitzen bleiben. Nach einstündigem Warten zeigte meine Frau aber kaum noch zu übersehende Anzeichen von Ungeduld, und so entschloß ich mich, abzubaumen. Vorher wollte ich aber doch noch kurz „hinaushören", ob sich ein Stück Wild näherte, um es nicht durch unseren Abgang zu vergrämen. Wieder vorsichtig das Fenster geöffnet und ein Ohr hinausgehalten. Da – aus der nahen Dickung drang ganz deutlich das Grunzen einer Sau, und gleich darauf stand sie auch schon auf der Schneefläche. In richtigem „Schweinsgalopp" näherte sich der Überläufer dem Platz, auf dem der erlegte Frischling lag. Plötzlich verhoffte er und verschwand schließlich im Wald. Jetzt baumten wir wirklich ab.

Nach der Versorgung des Wildes ging es heimwärts. Es war noch lange nicht Mitternacht, als wir wieder bei der gemütlichen Jagdhütte ankamen. Was wohl mein Freund sagte, wenn ich ihm von meinem Weidmannsheil berichtete? Für mich jedenfalls hatte das Jahr gut angefangen. Ja, Schwein muß man eben haben…

Bärenjagd

Ziemlich auf einer der letzten Seiten meines „Jagdbüchls" ist eine Bärenjagd im slowakischen Erzgebirge verzeichnet.

Obwohl der Bär für mich schon immer eine mystische Anziehungskraft ausgeübt hat, dachte ich nie an eine Bejagung dieses urigen Wildes, das mittlerweile auch in unseren Wäldern hin und wieder seine Fährte zieht. Trotzdem sehnte ich mich danach, einmal einem Bären in freier Wildbahn zu begegnen.

Der Bär gehörte ja zum frühesten Jagdwild des Menschen. Als prähistorisches Jagdtier kennt man sowohl den Höhlen- als auch den braunen Bären. Überreste des Höhlenbären sind von zahlreichen Fossilfunden bekannt, die sich von den Pyrenäen quer durch Europa bis zum Schwarzen Meer erstrecken. Die reichste Fundstelle liegt in Österreich in der Drachenhöhle bei Mixnitz in der Steiermark. Einige Tonnen an Knochen und Zähnen sind dort ausgegraben worden, was in jedem Fall auf das Vorhandensein eines riesigen Bestandes an urzeitlichen Höhlenbären in diesem Gebiet schließen läßt.

Im Land Salzburg befinden sich die bekanntesten Fundorte des Höhlenbären am Untersberg, im Steinernen Meer und in der Schlenkendurchgangshöhle, wo durch Funde von Werkzeug aus Bärenknochen die Anwesenheit des Menschen vor 50.000 Jahren nachgewiesen werden konnte.

Als Lieferant von Pelzen für die Bekleidung, von Fleisch für die Nahrung und von Knochen für die Herstellung von Werkzeug und Waffen war der Höhlenbär von außergewöhnlicher Bedeutung für den Altsteinzeitmenschen.

Der Höhlenbär gehörte zur Gruppe der Braunbären. Aus stammesgeschichtlicher Sicht ist der uns heute bekannte Braunbär die ursprünglichere, primitivere Form. Der Höhlenbär war die abgeleitete und spezialisiertere Form. Die Glanz- und Blütezeit hatte der Höhlenbär vor über 100.000 Jahren, dann klang sein Vorkommen nach und nach ab.

Das Durchschnittsgewicht eines Höhlenbären betrug um die sechshundert Kilo. In Einzelfällen wurde dieses Gewicht jedoch auch überschritten. Der Höhlenbär dürfte ein Allesfresser gewesen sein. Doch, obwohl er Fleisch und vor allem Aas sicher nicht verschmäht haben wird, bestand seine Grundnahrung vermutlich vornehmlich aus pflanzlicher Kost.

Als Hauptgrund für das Aussterben des Höhlenbären vor etwa 20.000 Jahren nimmt man unter anderem das steigende Mißverhältnis der Geschlechter an. So konnte man in der bis zu zwölf Meter starken Fundschicht in der Mixnitzer Drachenhöhle eine Verschiebung des normalen Geschlechterverhältnisses bis 3 : 1 feststellen. Dies bedeutet, daß sich etwa drei Männchen um eine Bärin bemühen mußten, und diese auch mit schlechten Erbanlagen beziehungsweise kränklicher Konstitution zur Paarung gelangte, was bedeutet, daß diese Anlagen an die Nachkommen weitergegeben wurden. Tatsächlich fand man Knochen mit zahlreichen krankhaften Veränderungen. Im Heimatmuseum Golling im Land Salzburg ist unter anderem ein Bärenschädel mit Oberkieferkrebs zu sehen. Die Bejagung durch den Menschen und eine einsetzende Klimaänderung mögen dann dieser hochspezialisierten Bärenart den Todesstoß gegeben haben.

Überlebenschancen hatte lediglich der ältere und ursprünglichere Braunbär, wie es ihn heute noch gibt, weil er von Natur aus lebensfähiger konstruiert war als der Höhlenbär.

Die verschiedenen Bezeichnungen für den Bären – etwa germanisch „ber", niederländisch „beer", englisch „bear", schwedisch „björn" – bedeuten eigentlich der „Braune". Diese Umschreibung seines Namens hat ihre Wurzeln in der Furcht, das gefährliche Tier durch die Nennung seines wahren Namens zu reizen oder zum Erscheinen zu veranlassen.

Das häufige Vorkommen des Bären in älteren Zeiten, seine Beliebtheit als Jagdbeute und seine Stellung als König der Wälder findet auch sprachlich in zahlreichen Orts- und Personennamen seinen Niederschlag, wie etwa in dem Ortsnamen „Bärenbad" in Kärnten, wo noch heute das Bärwild als Wechselwild vorkommt.

Im Volksglauben ist der Bär genauso tief verankert wie im Märchen, etwa in „Schneeweißchen und Rosenrot", sowie in Sprichwörtern und Redensarten, wie etwa „das Fell des (noch nicht erlegten) Bären verkaufen" oder „einen Bären aufbinden". Auch das Wort „bärbeißig" für „grimmig und verdrießlich" ist gebräuchlich. „Bissig wie ein Bärenbeißer" ist eine Redewendung, die aus dem 17. Jahrhundert stammt und von dem zur Bärenjagd verwendeten Hund abgeleitet wurde. Auch der „Bärlapp", eine Farnart, erhielt im 16. Jahrhundert seinen Namen. Eigentlich bedeutet dieses Wort „Bärentatze". Der zweite Wortteil geht auf althochdeutsch „lappo" zurück, was soviel wie „flache Hand, Tatze" heißt.

Zähne und Krallen des Bären wurden schon bei den Germanen als Amulette verwendet.

Dem Bären schreibt man auch das Wissen um das künftige Wetter zu. Sein Lostag ist Maria Lichtmeß (2. Februar), und die Bauernregel: „Wenn zu Maria Lichtmeß der Bär seinen Schatten sieht, so kriecht er wieder auf sechs Wochen ins Loch", ist heute noch bekannt.

Noch im 18. Jahrhundert war diese Wildart beispielsweise in Kärnten gar nicht so selten. Das beweist auch eine Marterl-Inschrift aus Sankt Paternion, die besagt: „Der Gasser in der Kreuzen hat 76 Bären geschossen, und beim 77. hat er sein Leben geschlossen…" Wie gefährlich die Bärenjagd noch zur Zeit Kaiser Maximilians I. gewesen ist, erfährt man aus dem „Theuerdank", worin berichtet wird, wie der Kaiser einen „unmenschlich großen Bären" anging.

Darin heißt es: „Weilen den unwegsamen… Felsen und… verwachsenen höle nit ohne Gefahr zuzukommen war, thäte er allein auff einem schmalen Steg sich zu dem Beeren, welcher, als er Ihne ersehen, sich auf die hinderen Füsse gelassen und auffrecht gegen Ihme dargeeilet; Max aber nam den Spieß zu halbem Schafft, und schoß solchen so meisterlich gegen den Beeren, daß er ihne mitten in den Bauch getroffen, daß er in ein tieffes Thal über eine Wand herunter zu todt fiel."

Ganz so dramatisch ist meine Bärengeschichte zwar nicht abgelaufen, aber trotzdem bei Gott spannend genug. Es begann damit, daß ich irgendwo las, daß in der Mittelslowakei die Jagd auf Bären möglich sei. Der Bestand des Bärwildes war dort dank des langzeitigen Schutzes in solcher Weise angestiegen, daß eine Reduzierung des Bestandes notwendig geworden war. Das war die Gelegenheit, meinen langgehegten Wunsch, auf Bärwild zu jagen, zu realisieren!

Mit meinem Freund Jörg, der ebenfalls auf einen Bären weidwerken wollte, wurde ein Termin vereinbart und Freund Friedl, der im Burgenland ein Jagdreisebüro führte, sollte die Reise arrangieren.

Aus dem geplanten Termin wurde zwar nichts, da ein vehementer Wintereinbruch die Bären wieder in ihre Höhlen kriechen ließ. Doch vierzehn Tage später war es dann soweit. Ein Anruf von der Forstdirektion Banska Bystrica sagte: Sofort kommen!

Es war nach meinem „Jagdbüchl" der 12. März, als wir zu dritt – Jörg, Friedl und ich – die Reise antraten. Beim Wegfahren regnete es in Strömen, doch je weiter wir nach Osten kamen, um so freundlicher wurde das Wetter, und als wir zur Mittagszeit in Banska Bystrica ankamen, um unseren Dolmetscher abzuholen, schien bereits die Sonne.

Nach kurzem Aufenthalt in der Stadt ging die Fahrt weiter, vorbei an den einzigartigen Naturschönheiten der Mittelslowakei. Besonders beeindruckend war das Massiv der Niederen Tatra mit seinen steilen Abhängen. Wildbäche mit kristallklarem Wasser strömten aus den dichten Wäldern zu Tal, und im Hintergrund ragte stolz das Massiv des Dumbier auf, mit seiner über 2.000 Meter hohen Spitze das ganze Gebiet beherrschend.

Der Jagdleiter empfing uns wie alte Bekannte, und auch sein Bericht war vielversprechend – die Bären nahmen die Luder an. Bald trafen auch die beiden Berufsjäger für Jörg und mich ein, und dann ging es ab, zu meiner ersten Bärenjagd. Windung für Windung fuhren wir die Forststraße bergwärts. Von den Bergspitzen leuchtete noch der Schnee herunter. In unserer Höhe war es aber bereits aper. In einer Kurve hielt der Jäger den Wagen an. Von hier aus wollten wir weiterbirschen. Bald näherten wir uns einem leer-

Jagdhaus im Erzgebirge

stehenden Holzfällerhaus, in dem wir unseren Ansitz beziehen
wollten.

Der Platz lag wunderschön. Fünfzig Meter entfernt befand sich
ein Luderplatz, und unmittelbar daneben sprang ein munteres,
klares Wasser zu Tal. Reglos harrten wir der Dinge, die da kommen
sollten. Langsam zog die Dämmerung auf, um alsbald in Dunkelheit überzugehen. Der Luderplatz blieb heute leer.

Lange noch saßen wir an diesem Abend mit dem Jagdleiter
beisammen und besprachen die Jagd für den nächsten Tag. Er hatte
Auftrag gegeben, alle Luderplätze zu beobachten und ihm zu
berichten, welche angenommen wurden. Davon wollte er die Wahl
des Ansitzplatzes für die morgige Jagd abhängig machen. So
geschah es dann auch.

Bereits am frühen Nachmittag holte uns der Jagdleiter ab. Nach
einstündiger Fahrt – diesmal ins slowakische Erzgebirge – waren
wir beim ersten Forsthaus angekommen, wo meine Birsch beginnen sollte. Der 25jährige Berufsjäger, der mir beigegeben
wurde, war mir auf Anhieb sympathisch. Deutsch konnte er zwar
nicht, aber leidlich Englisch.

Zeitig fuhren wir ins Revier, denn der Jäger erklärte mir, daß die
Bären schon früh zum Luder kämen. Der Jäger stellte den Wagen
am Rand einer weitläufigen Wiese ab und bedeutete mir, daß wir
zum Wald hinaufbirschen müßten, wo sich hinter der bereits sicht-
baren Baum- und Buschreihe der Hochstand befinde.

Als wir die Buschreihe erreicht hatten, blieb der Birschführer
plötzlich wie versteinert stehen. Ich tat es ihm augenblicklich nach,
und da sah ich auch den Grund für sein Verhalten – beim Luder, auf
achtzig Meter Entfernung, waren bereits vier Bären versammelt.
Obwohl der Wind zu uns herunter stand, mußte einer der Bären eine
Bewegung wahrgenommen haben. Vorsichtig kam er ganz knapp
an uns heran und stellte sich in seiner ganzen Größe auf. Heute
weiß ich nicht mehr, wie lange er in dieser Stellung verharrte. Als
er sich wieder niederließ, brüllte er markerschütternd und verschwand, die anderen Bären mitnehmend, eilig im Wald. Nun war
es an uns, rasch die Leitersprossen zur Kanzel hinaufzuklettern.

Beim Luder blieb es vorerst still. Es war bereits ums Dunkelwerden, als mich der Jäger plötzlich in die Seite stieß und flüsterte: „Bär – links!"

Unendlich langsam und vorsichtig näherte sich der Bär dem Luder. Dort angekommen, hatte er es sich wohl anders überlegt und drehte zum Hochstand her. Lange äugte er herauf, doch der Wind stand gut, und wenn wir keinen Fehler machten...

Es ging gut. Endlich kam wieder Bewegung in den Bären, und er zog langsam bergwärts, immer wieder zu uns zurückäugend. Vorsichtig griff ich nach der Büchse. Der Bär war inzwischen, immer wieder heräugend, bei der oberen Buschreihe angekommen und schwenkte jetzt nach links. Im letzten Moment, bevor er hinter dem Gesträuch verschwand, verhoffte er, und da brach der Schuß. Die Kugel quittierte der Bär mit einem Aufstellen auf die Hinterbranten und einem Zusammenschlagen der Vorderbranten, so, als wolle er einen unsichtbaren Gegner abwehren. Dann fiel er langsam zur Seite. Schnell repetierte ich eine neue Patrone in den Lauf und beobachtete mit gestochener Büchse den Bären. Doch er lag still da. Mein Birschführer bedeutete mir, sitzenzubleiben.

Langsam ging die Dämmerung in Dunkelheit über. Schließlich verließen wir den Hochstand und näherten uns dem Bären.

Immer wieder leuchtete der Jäger das Wild mit einer starken Lampe an. Dann gab er sogar einen Schuß in die Luft ab. Der Bär rührte sich nicht. Jetzt nahm der Jäger vom Luder einen starken Knochen auf und warf ihn zum Bären hin – keine Bewegung. Vorsichtig traten wir nun von rückwärts an den Bären heran, dann berührte ihn mein Birschführer mit dem Fuß. Endlich seine erleichterte Feststellung: „Bär tot!"

In Windeseile brach er das Wild auf, hängte seinen Jagdrock neben den Bären auf einen Strauchast und legte die ausgeschossene Patronenhülse auf den Körper des Bären. Anschließend eilten wir zum Wagen. Auf dem Weg dorthin begegneten wir zwei weiteren Bären. Als sie uns in den Wind bekamen, trollten sie davon. Wie von Furien gehetzt, fuhren wir in den Ort. Der Jäger trommelte in kürzester Zeit zwei Jagdgehilfen zusammen, und dann rasten wir gemeinsam zum Bären. Er lag noch dort wie zuvor. Eilig wurde er im Wagen verstaut, und dann, ich merkte es an den Gesichtern aller Beteiligten, legte sich die Anspannung.

Natürlich wollte ich den Grund für die Hast und Hektik erfahren. Da erzählte mir der Jäger, daß zu dem Luderplatz, vor dem wir angesessen waren, bis zu zwanzig Bären pro Nacht kämen Und außerdem berichtete er von einer Bärenjagd im Vorjahr, die mir die Gänsehaut über den Rücken jagte. Diese hatte damit begonnen, daß ein Schadbär erlegt werden sollte. Ein einheimischer Jäger begegnete dem Bären und schoß, traf ihn jedoch nicht tödlich. Am folgenden Tag gingen fünf Jäger auf Nachsuche. Dabei hatte der weidwunde Bär einem Jäger das halbe Gesicht weggerissen...

Während dieser Erzählungen waren wir im Jagdhaus angekommen. Dort ging es bereits hoch her, denn auch Freund Jörg hatte Weidmannsheil gehabt.

Ein Rätsel ist mir bis heute nur geblieben, woher bis weit nach Mitternacht die vielen einheimischen Jäger kamen, um die beiden Bären zu besichtigen, wo es doch weit und breit kein Telefon gab und auch fast keine Häuser...

Nach der Bärenjagd

Ausklang

Wieder einmal sitze ich auf meiner Lieblingskanzel im „Winkel" und träume vor mich hin. Diese Stunden gehören zu den schönsten. Die Sonne steht noch hoch am Zenit. Wild ist also noch nicht zu erwarten. Das kleine Wiesenstück vor mir ist Tummelplatz einer Unmenge von Insekten. Vor allem von Schmetterlingen, die ich so sehr liebe. Gerade nascht ein Zitronenfalter in meiner unmittelbaren Nähe vom Nektar einer Blüte.

Kaum jemand ist sich bewußt, daß es über 100.000 Arten von Schmetterlingen gibt, von denen viele, vor allem die tropischen, noch unbekannt sind. Allein in Mitteleuropa findet man an die 4.000 Arten. Leider werden durch die Zerstörung oder durch Veränderungen von Naturlandschaften die Lebensräume für Schmetterlinge immer knapper, denn es fehlt damit an Futterplätzen für Falter und Raupen, aber auch an Ruhemöglichkeiten für Puppen.

In der Roten Liste gefährdeter Tierarten scheint bereits der Schwalbenschwanz auf. Dieser große, breitflügelige Falter mit netzartiger, kräftig schwarzer Zeichnung auf gelbem Grund besitzt an den Hinterflügeln dunkle Fortsätze und am Rand der hinteren Flügel eine blaue Binde mit rotem Augenfleck. Die Spannweite des Schwalbenschwanzes, der in Gärten im offenen Gelände von der Meeresküste bis 2.000 Meter Höhe und vom Mittelmeer bis zum Nordkap verbreitet ist, beträgt sechs bis acht Zentimeter.

Schmetterlinge durchlaufen, wie alle übrigen Insekten, mehrere Entwicklungsstadien. Dies geschieht über eine vollkommene Verwandlung: Ei – Larve (Raupe) – Puppe – Falter. Beim Schwalbenschwanz überwintert die Puppe, aus der im Frühjahr der Falter schlüpft. Zur Fortpflanzungszeit versammeln sich die Männchen, die sich mit Vorliebe im Bereich von Hügelkuppen aufhalten, und erwarten die Weibchen. Nach der Begattung legt das Weibchen seine Eier auf Futterpflanzen. Von diesen ernähren sich die Raupen, die nach zehn Tagen aus den Eiern schlüpfen. Die junge Larve ist gut getarnt, da sie wie Vogelmist aussieht. Die ausgewachsene

Raupe weist eine deutliche Warnfarbe auf, und zwar grün mit schwarzen Querbändern und roten Punkten. Die Raupe frißt in den Dolden der Wirtspflanzen, wächst heran und verpuppt sich nach mehreren Häutungen. Die Puppe wird mit einem Band aus Seidenfäden um ihre Mitte an Stengeln befestigt. Aus diesen Ruhestadien entwickelt sich im Spätsommer eine neue Generation...

Auf der Wiese im Winkel treffe ich nicht selten auch das Tagpfauenauge an, neben dem Kohlweißling vielleicht der häufigste Schmetterling unserer Heimat, der auch in keinem Garten fehlen wird. Sein Fluggebiet reicht in eine Höhe bis zu 2.500 Meter. Man trifft Tagpfauenaugen mitten in der Stadt, in Gärten, in Parkanlagen, über Blumenwiesen, auf Lichtungen und in buschreichem Gelände.

Wer Tagpfauenaugen gerne in seinem Garten haben möchte, sollte Sorge tragen, daß in einer geeigneten Ecke eine Brennesselgruppe steht. Die Falter legen dort ihre Eier ab und ermöglichen somit, daß man ihren Lebenszyklus beobachten kann. Die aus den Puppen schlüpfenden Schmetterlinge gehen gern an Sommerflieder, wo man sie aus nächster Nähe beobachten kann, wie sie die Augen auf der Flügeloberfläche präsentieren oder sie wieder verschwinden lassen. Die hochgeklappten Flügel ähneln mit ihrer samtschwarzen Unterseite einem dürren Blatt der Brennessel. Das plötzliche Aufmachen der Flügel bewirkt, daß die „Augen" Freßfeinde abschrecken. Damit gewinnt der Falter Zeit, sich in wendigem Flug in den meisten Fällen der Gefahr zu entziehen.

Eine Schmetterlingsart, über die ich mich immer sehr freue, wenn ich sie im Revier antreffe, ist der Zitronenfalter. Dieser wunderschön anzusehende Schmetterling kommt in Europa, Nordafrika und im gemäßigten Asien bis Sibirien vor. Obwohl er weit verbreitet ist, tritt er nirgends in Mengen auf.

Der Zitronenfalter zählt zu den Faltern mit der längsten Lebenserwartung. Außerdem unterscheidet ihn eine ungewöhnlich lange Flugzeit von den anderen Schmetterlingen. Sie beginnt im Juli und dauert bis zum nächsten Frühjahr. Um diese lange Zeitspanne auch kräftemäßig bewältigen zu können, legt der Zitronenfalter zahllose

Ein Platz zum Träumen

Pausen ein. Das heißt, daß er einige Tage fliegt und dann für einige Wochen wieder in Starre verfällt, um bei geeigneten Wetterbedingungen wieder für weitere Tage aktiv zu werden. In diesen Tagen nimmt er Nektar zu sich, um sich einen neuen Energievorrat zu schaffen.

Den Hochzeitsflug des Zitronenfalters kann man im Frühjahr beobachten. Dabei fliegt das Weibchen voraus, vom Männchen in gleichbleibendem Abstand gefolgt. Das sieht aus, als wollte der eine den anderen abschleppen. Wenn die ersten Knospen an Faulbaum und Kreuzdorn erscheinen, erfolgt die Paarung. Im Juni schlüpfen die Raupen, die mattgrün gezeichnet sind. An den Seiten sind sie heller und über den Beinchen verläuft ein heller, mattweißer Längsstreif. Mit dieser Zeichnung gelingt es der Raupe, sich fast unsichtbar zu machen.

Der Zitronenfalter besitzt die Fähigkeit, ungeschützt in Bodennähe oder in trockenem Laub am Boden zu überwintern, wobei er Temperaturen, die weit unter dem Gefrierpunkt liegen, gefahrlos überstehen kann.

Es gäbe noch eine Reihe von Schmetterlingen, die mich faszinieren, doch das würde wohl zu weit führen, in einem „Jagdbüchl". Also, ich werde aufpassen, daß ich mich nicht verliere in Dingen, die mir trotzdem genauso am Herzen liegen wie die Jagd. Nur soviel vielleicht noch: Schmetterlinge gehören zu den großen Wundern der Natur und sollten unseren besonderen Schutz genießen. Ob der Mensch wohl rechtzeitig erkennen wird, welches kostbare Juwel er mit der Natur besitzt und wie sehr er im Begriff ist, dieses zu zerstören?

Wir stehen an der Schwelle des dritten Jahrtausends. Die Welt wird gewaltige Veränderungen erleben. Der Mensch wird nicht nur Zeuge einer postindustriellen Gesellschaft sein, sondern auch des schon in vollem Lauf befindlichen Informationszeitalters, des unaufhaltsamen Vormarsches des Computers; der Mensch von heute ist auch Zeuge und direkt Beteiligter einer unvorstellbaren Revolution zwischenmenschlicher Beziehungen, der wir uns noch gar nicht so richtig bewußt sind.

Es ist spät geworden. Bei meinem kleinen, gedanklichen Ausflug in das Reich der Insekten ist die Zeit wie im Flug vergangen. Längst ist die Sonne verschwunden, und nach und nach fallen die Schatten des Dämmerlichtes.

Aus der gegenüberliegenden Dickung tritt vorsichtig ein junger Rehbock aus. Sein Sechsergeweih prahlt – wie es eben Jünglingen eigen ist. Unbekümmert äst er auf der Wiese. Ein Bild des Friedens. Ein Bild der Hoffnung.

Als nach geraumer Weile der Bock wieder eingezogen ist, mache auch ich mich auf den Heimweg, umgeben und behütet von der Dunkelheit der Nacht, geleitet von Tausenden von Sternen...

VIDEO

S 997.-

Über Hirsche

Von Johann Svoboda.
60 Minuten, VHS.

Sensationelle Bilder vom Rotwild im Jahreskreislauf.
Zusatz: Zwei durch Kampf ineinander verhängte Muffelwidder
und deren Befreiung.
Das endgültige Rotwild-Video. Aus einem steirischen Bergrevier.
Aufbereitet von Fernsehprofis.

Österr. Jagd- und Fischerei-Verlag
1080 Wien, Wickenburggasse 3
Tel. (0222) 405 16 36
Fax (0222) 405 16 36/36

S 374.-

Jägerbrauch –
Zeitgemäße Umgangsformen für den Jäger

Fink/Prossinagg/Stättner/Sternath.
176 Seiten, 32 Farbbilder, 70 SW-Abbildungen, Leinen.
Karikaturen von Hubert Weidinger.

Wie wird Strecke gelegt? Welche Brüche standen und stehen in
Verwendung? An welchen Tagen ist es verpönt, zu jagen? Welche
Jagdhornsignale sollte jeder Jäger kennen? Wie ist der Jäger auf
die Trophäe gekommen? – Ein perfekter Ratgeber fürs ganze
Jägerleben. Und noch dazu unterhaltsam.

S 197.-

Jagdalmanach

Von Paul Herberstein. 304 Seiten, zahlreiche Karikaturen und Farbfotos. Jährlich neu!

Alle Adressen und Informationen zum Thema Jagd in kompakter Form. Ein unentbehrliches Handbuch für jeden, der auf raschem Wege zu soliden Daten, Fakten oder Adressen zur Jagd in Österreich kommen will. Gleichgültig, ob Sie sich eine Lederhose anfertigen lassen wollen oder ein Fernglas brauchen, sich über die aktuelle Zeckensituation informieren oder sich einfach von den jeweils besten Jagdfotos des Jahres unterhalten lassen wollen – der Jagdalmanach bietet Ihnen alles.

Österr. Jagd- und Fischerei-Verlag
1080 Wien, Wickenburggasse 3
Tel. (0222) 405 16 36
Fax (0222) 405 16 36/36